रवीन्द्र भारती

कवि एवं नाटककार। आपकी प्रकाशित कृतियाँ हैं—'जड़ों की आख़िरी पकड़ तक', 'धूप के और क़रीब', 'यह मेरा ही अंश है', 'नचनिया', 'नाभिनाल' और 'जगन्नाथ का घोड़ा' (कविता-संग्रह); 'कम्पनी उस्ताद', 'फूकन का सुथन्ना', 'जनवासा', 'अगिन तिरिया', 'कौआहंकनी' और 'हुलहुलिया' (नाटक)।

आपकी कविताएँ कई भाषाओं में अनूदित हुई हैं। नाटकों के भी अनेक मंचन हुए हैं जिन्हें रंगकर्मियों और दर्शकों, सभी ने सराहा है। 'कौआहंकनी' नाटक पर फिल्म भी बनी है।

सम्मान और पुरस्कार : बिहार राष्ट्रभाषा परिषद का 'विशिष्ट साहित्य सेवा सम्मान', 'दिनकर सम्मान', मानव संसाधन मंत्रालय, भारत सरकार से सीनियर फेलोशिप।

ई-मेल : ravinderbharti12@yahoo.com

I have gone through 'Agin Tiriya' two times. It reflects how I have liked it. It is a magic touch of your language. It requires an imaginative director.

—**Girish Karnad**

'Agin Tiriya' has remarkable contemporary relevance. It connotes tribal struggle with rapacious powerful people from the planes out to control the huge natural resources of tribal people reducing them to construction workers.

—**Diwan Singh Bajeli**, *The Hindu*

'Agin Tiriya' raises some important and grave issues of the modern society and shows the emancipation of the people from the astrocities of the ruling class.

—**Niharika Parashar**, *Hindustan Times*

तीन अंक और बीस दृश्यों में भारती ने 'अगिन तिरिया' को एक नाटक के रूप में ढाला है किन्तु रवीन्द्र भारती के पूर्ववर्ती नाटकों के पाठकों, दर्शकों और प्रयोक्ताओं के लिए 'अगिन तिरिया' एक चुनौती बनकर प्रस्तुत होती है। भाषा के स्तर पर, कथावस्तु के स्तर पर, प्रतीकों और बिम्बों के स्तर पर तो यह चुनौती है ही, सबसे बड़ी चुनौती है—शाश्वत आदिम संघर्ष की सर्वथा नई व्याख्या की। इन्हें आदिवासी, जनजातीय या निम्न वर्ग के लोगों के रूप में पहचाना जाता है। रवीन्द्र भारती ने 'अगिन तिरिया' के माध्यम से न सिर्फ़ मातृशक्ति को स्थापित किया है वरन नाटक के माध्यम से एक बड़ा वैचारिक सन्देश देने का भी काम किया है।

—**अरुण पाण्डेय**, *रंग-संवाद*

समाज की मुख्यधारा से अलग-थलग पड़े आदि-वनवासी और जनजातीय समुदाय की लोकगाथा शैली में अग्नि और नारी की ज्वालामयी संघर्षगाथा को रवीन्द्र भारती ने शब्दबद्ध किया है, जो नाट्य-परिकल्पना से सहज ही उद्भूत होकर रोमांचित करने वाली है।

—**लव कुमार**, *समीक्षा*

अगिन तिरिया

रवीन्द्र भारती

राधाकृष्ण पेपरबैक्स

पहला पुस्तकालय संस्करण
राधाकृष्ण प्रकाशन प्राइवेट लिमिटेड द्वारा
2011 में प्रकाशित

राधाकृष्ण पेपरबैक्स में
पहला संस्करण : 2023

राधाकृष्ण पेपरबैक्स : उत्कृष्ट साहित्य के जनसुलभ संस्करण

राधाकृष्ण प्रकाशन प्रा. लि.
जी-17, जगतपुरी
दिल्ली-110 051
द्वारा प्रकाशित

शाखाएँ : अशोक राजपथ, साइंस कॉलेज के सामने, पटना-800 006
पहली मंजिल, दरबारी बिल्डिंग, महात्मा गांधी मार्ग, प्रयागराज-211 001
वेबसाइट : www.radhakrishnaprakashan.com
ई-मेल : info@radhakrishnaprakashan.com

विकास कंप्यूटर एंड प्रिंटर्स
ट्रॉनिका सिटी-201 102
द्वारा मुद्रित

मूल्य : ₹199

AGIN TIRIYA
Play by Ravindra Bharti

ISBN : 978-81-19092-25-3

लोगों के हारे-गाढ़े में खड़े होनेवाले
हरिप्रसाद कनोरिया के लिए

निर्देशकीय पहलू

रवीन्द्र भारती के नाट्य-व्यवहार की संरचना में विविध दृश्यों के अन्दर आदि-आद्य संघर्ष के बीज प्रस्फुटित हैं। इसमें फल-फूल रहा है संघर्ष, आकांक्षा, लोक-परम्परा और वर्जित दलित समाज की वेदना में रचता-बसता जीवन्त समाज। इसके खाँचों में हैरान कर देनेवाली जुगनुओं की तरह जगमगाहट से भरा रहस्यमय गुहान्तर है जिसे देशी, आंचलिक, ऐकान्तिक भाषायी गठन के साथ बड़ी सफ़ाई के साथ प्रस्तुत किया है। नाटक 'अगिन तिरिया' को तीन अंकों और बीस दृश्यों में खेलने का विधान नाटककार ने प्रस्तावित किया है। वैसे शैली में लचीलापन और नाटकीयता है जिसे कल्पना की सान पर लोकरंजक एवं सांकेतिक नाटकीय मुहावरे में जीवन्त करने की पूरी सम्भावना दिखती है।

एक हकार से नाटक का आगाज़ होता है। चलो! जल्दी करो! तिरिया सब स्वाँग रचेंगी, गाय घेरेंगी, पानी लेकर गए बादलों को वापस बुलाएँगी। और फिर झमटा नृत्य में युवा लड़कियों की गुहार उभरती है—मेघा सगरो पानी दे। सुआ और उसकी पत्नी के वेश में लड़कियाँ बाल्टी में पानी लिये रास्ते में उड़ेलती हैं! फिर अकाल की दहाई देकर एक चरवाहे के गायों को घेर लेती हैं। चरवाहा छोड़ने की मिन्नत करता है तो वे उससे बादल के पास जाकर बरखा लाने की शर्त रखती हैं। कहती हैं गाँववालों के संग बादलों से कहो कि तिरिया लोगों ने बादलों की बिटिया गाय को घेर लिया है। छुड़ाने खातिर बरसना होगा।

और फिर नृत्य-गीत के साथ बारिश की प्रकृति की वेदना प्रस्तुत होती है :

चरहा झुराय गय
गाछ मुरझाय गय
आँखों में लोर भर, ठाढ़ है बिटिया...

अचानक ही दिक्कू संन्यासी सैनिक आ धमकते हैं। चरवाहे का स्वाँग कर रही लड़कियों को छोड़कर बाक़ी लड़कियाँ बच निकलती हैं। संन्यासी सैनिक चरवाहे का वेश धरी तिरिया और उसके विक्षिप्त भाई की हत्या कर आह्लादित होते हैं।

दूसरे दृश्य में अकाल को लकीरों के तंत्र से मारने का स्वाँग भर रहे युवकों अनंग और तामू का नवयौवना गन्धर्व कन्या साखा के फूल की गन्ध में समाए देहगन्ध की मादकता से उल्लसित हास्य प्रस्तुत होता है। इस दृश्य में अभिनेता के शरीर से निर्मित रथ पर यौवन की सम्राज्ञी गन्धर्व कन्या साखा का रथ पर सवार गुज़रते साखा के यौवन गन्ध से सुवासित फूल का गिरना एक रोचक मंच युक्ति है।

तीसरे दृश्य में वनदेवी और सुआ के संवाद में सृष्टि रचना की आदिगाथा 'हिहड़ी-पिपड़ी' का प्रसंग आता है। सब प्राणी, उसी आदिपुरुष 'हिहड़ी-पिपड़ी' की सन्तान हैं। वनदेवी के इस प्रसंग को सुनकर सुआ सवाल करती है कि संन्यासी पुरोहित हमें मारते क्यों हैं? इसी दृश्य में गन्धर्व कन्या साखा बताती है कि वह रूप के अभिमान में डूबी गन्धर्व जाति से अलग जीवन के हर रंग को जीने के लिए वह सब करने को प्रस्तुत है जो अपेक्षित नहीं है उसके लिए। वह वनदेवी से अन्तर्धान होने की कला सीखना चाहती है।

अगले दृश्य में कथित श्रेष्ठ सामाजिक व्यवस्था की परिधि से भगाकर, सीमा से बाहर निकाल दिए गए सम्पन्न कुलांगारों के धन को हथियाने की मंशा से आए युवकों अनंग और तामू को कुलांगार अनुचरों के कटघरे में डाल देते हैं। वे वहाँ मुक्ति के लिए छटपटाते हैं।

पहले अंक का पाँचवाँ दृश्य वनदेवी के स्वरालाप से शुरू होता है जिसमें वह अदृश्य से अपने हृदय की बातें कहती है। साहस, शक्ति और सामर्थ्य की माँग करती वनदेवी का एकान्त, तरूक पेय लेकर सुआ के आने से टूटता है। अदृश्य बिला जाता है। आशंका के अँधेरे में ठोकरें खानेवाले समुदाय के लिए सुआ की चाहत है कि एक दिन उसके हाथ-पैर इतने बड़े हो जाएँ कि वह पहाड़ उठाकर उन्हें मारनेवाले हत्यारों पर पटक सके।

अगले, प्रथम अंक के छठे दृश्य में, मन्त्र सिद्ध आश्रम में पवित्र अग्नि के अधिकारी संन्यासी पुरोहितों के संवादों से पता चलता है कि किसी अदृश्य आसुरी शक्ति ने उनके प्रतिबन्धित आश्रम में प्रवेश किया

है। एक स्त्री के चरण चिह्न के प्रमाण की बिना पर, अग्नि कुटुम्ब, पहली बार हुई इस घटना के होने का दोषी गणपति, संन्यासी पुरोहित सत्यमुख की चूक मानती है और उसे मृत्युदंड दिया जाता है।

इस अंक के आखिरी दृश्य में वनवासियों के गुफ़ानुमा घर में पात्रों के बीच के संवाद में संन्यासी पुरोहितों की वंश गाथा का मार्मिक प्रसंग आता है।

दूसरी तरफ वनवासी, चरवाहा बनी चेची के अंज़ाम से दुखी हैं। अँधेरे का दंश झेलते वनवासियों के लिए अग्नि को जीतकर लाने की इच्छा रखनेवाली सुआ का वापस उनके पास लौट आना सुकून देता है। वनवासियों में पुरोहितों और कुलांगारों के क्रूर व्यवहार को लेकर रोष है।

नाटक का प्रथम अंक वस्तुतः सभ्यता के विकास के क्रम में अँधेरे हाशिए पर जी रही शोषित-दलित साधनविहीन आबादी, सुविधा और सम्पन्नता के दायरे से धकियाकर बाहर ठेल दिए गए बहिष्कृत कुलांगार समाज और सारे ज्ञान, आलोक और सुविधा पर कब्ज़ा कर बैठे अग्नि-कुटुम्ब समाज के बीच चल रहे सनातन आपसी संघर्ष को स्थापित करता है।

आश्रम के प्रवेश द्वार के आगे घटित होनेवाले दूसरे अंक के प्रथम दृश्य में अग्नि-कुटुम्ब के संन्यासी प्रहरियों के संवाद में भूतों की शिखा काटकर उन्हें अपने वश में करने का लोक प्रसंग आता है। प्रहरियों को अपना वजूद भी भूत की तरह लगता है। उनका यह सवाल वर्तमान समाज की उस बड़ी आबादी का सवाल है जो साधन-सम्पन्न समाज का सुरक्षा घेरा बनाए हुए है।...क्या हम भी भूत हैं? हमारी भी शिखा वृद्ध संन्यासी पुरोहित ने काट ली है? क्या हमारी भी स्मृति का लोप हो गया है।

इसी दृश्य में नेपथ्य की घटित श्रुति संवाद से पता चलता है कि संन्यासी प्रहरियों की भीड़ ने आश्रम में, वर्जना के बावजूद घुस आए कुलांगार को बन्दी बना लिया है।

दूसरे अंक का दूसरा दृश्य वनदेवी और सुआ के जुगनू पकड़ने के रोचक खेल से शुरू होता है। वनदेवी, जुगनू के दमन की कथा सुनाती है।...सदियों पूर्व एक रात ऐसे ही वे गुनगुना रहे थे जुगनू कि भौंरे भी उनके स्वर में स्वर मिलाकर गुनगुनाने लगे। सन्नाटा यह

सुनकर हिल गया। उसने सोचा कि ये बेढंगे यदि सुर में आ गए तो मेरे अस्तित्व का क्या होगा? अँधेरे का क्या होगा? अँधेरे में सन्नाटे से जाकर आनेवाले ख़तरों की चर्चा की कि अँधेरा जुगनुओं के दुस्साहस पर बौखला गया। वह जुगनुओं को मारने लगा। वे इधर-उधर प्राण बचाकर भागने लगे। लेकिन कहाँ भागते, चारों ओर अँधेरे का साम्राज्य था। इस कथा को सुनकर सुआ का अन्तर जूझता है...संन्यासी पुरोहित हमें इसी तरह मारते रहेंगे? क्या अँधेरे में इसी तरह हम जीवन भर रहेंगे? हमें अग्नि नहीं मिलेगी? आलोक नहीं मिलेगा।...सुआ का यह सवाल 21वीं सदी के बहुजन समाज का है।

इसी दृश्य में भूत के आखेट पर निकले दो संन्यासी सैनिकों की ज़बानी हिंसा का सबाब बयाँ होता है। धर्म, मृत्यु, पुण्य, मोक्ष, बलि, कर्मकांड, जेहाद, धर्मयुद्ध, युद्ध जैसे हिंसा के बहानों से अपने आकाओं के इशारे पर वे बेबसों के खून बहानेवालों का आह्लाद व्यक्त करते हैं। पर उनके जेहन में इस निरर्थक क़त्लेआम पर सवाल भी हैं...हमें पता भी नहीं होता कि हम क्यों मार रहे हैं?...प्रसंगवश इसी दृश्य में संन्यासी पुरोहित सुभंग की तथाकथित आत्महत्या का रहस्य एक घातक हत्या के रूप में प्रकट होता है। संन्यासी सैनिक के स्मृति-पट-दृश्य के बयान से संन्यासी महापुरोहित के हत्यारा होने का भेद प्रकट होता है।

साखा और संन्यासी पुरोहित सुभंग प्रेममग्न-संवाद कर रहे हैं। सुभंग ने साखा को स्वीकार कर लिया है...भेड़िए की तरह घात लगाकर संन्यासी महापुरोहित अवसर मिलते ही एक झपाटे में सुभंग को परलोक भेज देता है और उसकी मृत्यु को आत्महत्या घोषित कर देता है।

हत्या की संस्कृति पर पलती और उसे पालती विश्व की वर्तमान सत्ताओं के विरुद्ध चल रहे लोकतंत्र के संघर्ष की अमर गाथाओं का प्रसंग जीवन्त हो जाता है। प्रेम की हत्या करनेवाली व्यवस्था आतंक के दम पर ही चलती है, इसका सांकेतिक अर्थ इस दृश्य के संवादों में निहित है।

नाटक तीन वर्ग की आबादी के बीच लोकतंत्र, जीवित होने के सहज अधिकार को हासिल करने के संघर्ष की महागाथा को सांकेतिक बिम्बों में प्रस्तुत करता है। एक वर्ग है तानाशाह, पाखंडी, शोषक, हत्यारों का, जिसने बहुजन का हिस्सा, उसकी ऊर्जा, उसके धन, उसकी सम्पत्ति, ज्ञान और आलोक पर कब्ज़ा कर रखा है। आलोक से जगमगाती

उनकी आबादी क्रूर है, हिंसक! उनकी व्यवस्था की बलिदेवी पर मनुष्यता के मायने स्वाहा होते हैं।

दूसरा वर्ग, उनकी वर्जित सन्तानों का है जो उनकी जूठन, उनकी ख़ैरात, उनकी गुलामी में पलता हुआ उनको ही हड़पने की जुगत में रहता है। यह आबादी पंचम सुर में कूकनेवाली एक निरीह कोयल की कूक को भी एक चुनौती मानता है और उसका गला मरोड़ने में भी तनिक संकोच नहीं करता। एक कोयल की हत्या कर वह भ्रम पालता है कि उसने दुनिया से उसे चुनौती देनेवाली सारी कूकों का गला घोंट दिया है। पर, तुरत ही दूसरी कोयल कूक कर उसका मज़ाक उड़ा देती है। निरर्थक, ओछी हिंसा में उलझा यह समाज अपने व्यवहार में हास्यास्पद है। मर्यादा की दुहाई देनेवाला यह कुलांगार समाज प्रतिहिंसक है।

प्रकृति की प्रतिमूर्ति सभ्यता के हाशिए पर रहनेवाला वर्ग अपनी सेवाओं के बदले श्राव्य-सुख में ही रमा हुआ है। उनके परिवेश में तमसा नदी के तट पर उनचास पवन के जन्म का सोहर गूँजता है। जहाँ नाविकों के अदृश्य हो चुके श्राव्यरूप बालक अपने परिजनों से अदृश्य होकर मिलते हैं। श्राव्यरूप बाल चरित्रों का वजूद नाटक को विशिष्ट नज़रिए से देखे जाने की माँग करता है।

प्रकृतिस्थ इस समाज में सहज, सुन्दर और सौम्य वातावरण है। पर यह समाज जब-तब सिसकने लगता है। उनकी बेली अशुभ अँधेरे का शिकार हो जाती है। ऐसे में अगिन तिरिया इस अशुभ को दूर करने के लिए प्रण बाँधती है, बाघमारी का।

तीसरे अंक का पहला दृश्य माँ अग्नि के भव्य अभिषेक की तैयारी में लगे संन्यासी महापुरोहितों की नाटकीय चहल-पहल से शुरू होता है। तैयारी युद्ध स्तर पर है। वे सुरक्षा के कड़े घेरे में ज्ञान, धर्म, शौर्य, वैराग्य के अमृत को छककर पीना चाहते हैं। वे क्रूरतम होने की हद तक जा सकते हैं। अग्नि के ताप, आलोक, दृष्टि, शक्ति, पथ, साहस और सम्भावनाओं पर 'पावनता' का कथित बहाना बनाकर कब्ज़ा कर बैठे इस श्रेष्ठी समाज ने धर्म और आतंक की सत्ता लागू कर रखी है। वे वर्जनाओं के चक्रव्यूह में सुरक्षित होकर महोत्सव मनाना चाहते हैं। पर वे जितने आलोकित हैं, उतने ही आशंकित भी हैं। रूप को मृगतृष्णा समझ उससे आँखें फेर लेनेवाले शास्त्रीय-सामाजिक-उत्सव

का आयोजन उनकी रूढ़ि है।

इसके इतर दूसरी तरफ़ अलाय-बलाय को दूर भगाने की लोक परम्परा का उत्सव भी मंच पर नाटककार उपस्थित करते हैं। सूप बजाती कन्याएँ अकाल-नृत्य करती हैं।

...अलाय-बलाय भागो
भागो दरिद्रदेव भागो, भागो...

दरिद्र भगाने के उनके इस खेल से परिजन उन्हें बरजते हैं। इस आशंका से कि उनके इस खेल को कुलांगार और श्रेष्ठी समाज चुनौती मानकर आघात करने का बहाना न कर बैठें। उन्हें बेआवाज़ खेलने की सलाह दी जाती है। पर अगिन तिरिया लड़ना चाहती है। जीतना चाहती है अँधेरे को।

तीसरे अंक के तीसरे दृश्य में श्रेष्ठ समाज के वर्णसंकर रिश्तों की पोल खुलती है, जहाँ परमात्मा से उलाहना है।

...नीक न किया जोगिया
बिसार का हमका नीक न किया...

तीसरे अंक के चौथे दृश्य में निर्जन पहाड़ी पर जानवरों की तरह पत्थर से रस्सी में बँधा अनंग स्वरालाप करता है...मुझे मुक्त करो! मुझे मुक्त करो!

मुक्ति-याचना करता वह सुन्दरी साखा के कदमों को रचता है। पर उसे वहीं छोड़ दिया जाता है, जंगली जानवरों की खुराक बनने।

तीसरे अंक के अगले पाँचवें दृश्य में बाघमारा उत्सव की सजावट मंच पर जीवन्त होती है। बेली की स्मृति में पीड़ित होम के प्रलाप के चरम में महुआ गाछ बनकर, बेली के करीब रहना चाहता है। पर सुआ नहीं बनना चाहती गाछ! उसकी माँ मात्या निकलेगी बाघ मारने को पर सब जानते हैं कि परम्परा के अनुसार वह सचमुच का नहीं, वह मारेगी गाछ का बाघ! वह खेलेगी बाघ मारने का खेल। गाछ तोड़कर लाएगी और कह देगी कि बाघमार कर ले आई! पर मात्या कहती है—मैं सच का बाघ मारूँगी! अपनी नानी की तरह दस हाथियों को मारनेवाला बाघ मारूँगी।

बाघमारी की पूजा में मरद औरत का पैर छूते हैं और बाघमारी पर निकलनेवाली औरत के शिकार पर चल पड़ने तक वे दूर जंगल में छिपकर रहते हैं। वनदेवी बाघ का ठौर जानती है।...वनदेवी : तुम्हारी

नानी ने जो बाघ मारा था, उससे भी बड़ा बाघ है वह। उससे भी खूँखार, मनुष्यहन्ता, नरभक्षी!...और फिर उलु ध्वनि के साथ मात्या सँवरती है बाघ मारने के लिए। नृत्य-गीत के साथ मणिमाई मात्या की गोड़लगी होती है। उलु ध्वनि के बाद दृश्य समापन गीत :

बेला फुलाय, महुआ फुलाय
मन में फुलाय, मन में फुलाय—
मन करे गमगम, गमगम, गमगम...

अंक तीन के अगले दृश्य में पत्थर से बँधा बेहोश अनंग मुक्त होता है। सातवें दृश्य में अनुचरों की गुलामी के उपहास, विकृति और कुत्सित हास की वितृष्णा के साथ भाँड़ों की तरह कुलांगार गुदगुदाता है।...कुलांगार : 'मुझे अच्छा लगता है हँसी के बीच रुदन! मुझमें गुदगुदी होने लगती है। मैं उस देह के बारे में सोचने लगता हूँ जिसमें साँप रेंगता हुआ मुँह के द्वार के बाहर आता है। वह साँप कितना दिग्विजयी महसूस करता होगा।'...उस दिग्विजय का क्या हश्र होता है? नेवले या पशुओं से आघातिक मौत! उसे मारकर जश्न मनाते हैं कुलांगार! अनुचरों की ऐसी अकाल-मृत्यु उनका प्रिय हास-परिहास है।

अंक तीन के आठवें दृश्य में संन्यासी की हाँक की पार्श्व ध्वनि के साथ जंगल की रहस्यमयी ध्वनियों के बीच आशंका में डूबे वनवासी सहजन अनहोनी की डरावनी कल्पना कर रहे हैं। मात्या को बाघमारी पर भेजने के अपने फ़ैसले पर चिन्तित हैं।

अंक तीन के आख़िरी यानी नाटक के अन्तिम दृश्य में संन्यासी पुरोहित के मंत्रोच्चार के साथ अग्नि के आह्वान के नाट्यकर्म के बीच संन्यासी प्रहरियों के संवाद प्रश्नों से लबरेज़ हैं। परमज्योति, अज्ञात धाम, परम पुरुष, ईश्वरीय योग के मसलों पर उनके ज़ेहन में उथल-पुथल है। उनके सवालों का कोई अन्त नहीं।

इस अंक में माँ अग्नि प्रकट होती है। संन्यासी पुरोहितों के हाथों में वह नाचती है। तभी हवा के झोंके की तरह मात्या आती है और संन्यासी अरण्य के हाथों से अग्नि को छीनकर नेपथ्य में भाग जाती है। उसके पीछे संन्यासी समाज भागता है।

मात्या, उनसे बचकर अग्नि और आलोक को जंगल और गाँवों मे बाँट देती है। हर ओर आलोक जगमगा उठता है। मात्या का पीछा करते संन्यासी पुरोहित, संन्यासी सैनिक उनका पीछा करते हैं, रास्ते में

कुछ संन्यासी सेनिक रुककर बस्तियों में जल रहे आलोक को बुझाते हैं। एक आलोक बुझाते हैं तो दूसरा नज़र आता है, दूसरा बुझाते हैं तो तीसरा जलता हुआ दिखता है...! संन्यासी सैनिक और पुरोहित हताश हो जाते हैं। हर ओर प्रकाश ही प्रकाश फैल जाता है। जिसके बीच संन्यासी पुरोहित समाज हताश, मलिन खड़ा है।

दूर लड़कियों के गाय घेरने का गीत सुनाई पड़ता है।

चिरई, चउआ को पानी दे
ताल-तलैया को पानी दे
बच्चा-बुतरू को पानी दे
मेघा सगरो पानी दे।

नाटककार रवीन्द्र भारती का नाटक 'अगिन तिरिया' अपनी प्रासंगिकता, व्यापक विषयवस्तु, सांकेतिक बिम्ब योजना एवं दृश्य विधान, लोकरंजक पात्र एवं उनके यथेष्ट नाटकीय व्यवहार और अनूठी भाषिक योजना के कारण प्रयोगशील निर्देशकों के लिए एक चुनौती भरा आमंत्रण है जहाँ रंगमंच के नवीन मुहावरे के गढ़ने की गुंजाइश है।

—सुमन कुमार

पात्र

महिला	पुरुष
मात्या	धृत्य
सुआ	संन्यासी पुरोहित सत्यमुख
बेली	संन्यासी पुरोहित अरण्य
चेची	वृद्ध संन्यासी पुरोहित
वनदेवी-1	संन्यासी महापुरोहित
वनदेवी-2	संन्यासी पुरोहित सुभंग
साखा	कुलांगार-1
लड़कियाँ : पाँच	कुलांगार-2
	संन्यासी प्रहरी-1
	संन्यासी प्रहरी-2
	युवक
	होम
	अनंग
	तामू
	अनुचर : चार
	संन्यासी सैनिक-1
	संन्यासी सैनिक-2

मंच परे

लेखक	:	रवीन्द्र भारती
निर्माता	:	अनिरुद्ध वानकर
संगीत	:	अनिमेष, अनिरुद्ध
प्रोडक्शन इंचार्ज	:	शिव प्रसाद गोंड
परिधान	:	स्नेहा कुमार
प्रकाश योजना	:	पंकज चुग
पोस्टर	:	प्रमोद वर्मा
निर्देशक	:	संगीता टिपले

मंच पर

धृत्य	:	अनिरुद्ध वानकर
कुलांगार	:	शिव प्रसाद गोंड
संन्यासी महापुरोहित	:	संदीप मिश्रा
वृद्ध संन्यासी पुरोहित	:	दीपक कुमार बन्धु
अनंग	:	सौरभ
तामू	:	दीपक
सुभंग और सत्यमुख	:	अनमोल
प्रहरी 1	:	अमन
प्रहरी 2	:	उदित
वनदेवी 1	:	मधुमिता बारिक
वनदेवी 2	:	पिंकीमनी साइकिया
मात्या	:	दीपाली बाडेकर
साखा	:	शीतल अरोड़ा
सुआ	:	प्रिया उबाले

लोक जागृति नाट्य संस्था, चन्द्रपुर की प्रस्तुति

पहला अंक

दृश्य : 1

[नेपथ्य से लोगों के आने-जाने की आवाज़ आती है। एक आवाज़ अलग से सुनाई पड़ती है।]

आओ, चलें
जल्दी करो, जल्दी करो
तिरिया सभी आ गई हैं रचकर स्वाँग
खेल शुरू होनेवाला है गाय घेरने का
पानी जो हमारा उठाकर ले गए हैं बादल-वादल
उन्हें बुलाने का।
बादल-वादल क्या हैं? क्या हैं?

[लड़कियों की खिलखिलाहट सुनाई पड़ती है। धीरे-धीरे मंच पर रोशनी आती है। चार-पाँच लड़कियाँ गोलाकार हो झमटा नृत्य करते गाती हैं।]

काल-कलोटी उज्जर धोती
मेघा सगरो पानी दे...
टापर-टूपुर पानी दे
रिमझिम, रिमझिम पानी दे
झम-झम, झम-झम पानी दे
मेघा सगरो पानी दे...

[पुरुष के स्वाँग में सुआ आती है। उसके साथ

एक लड़की है जो उसकी पत्नी बनी हुई है। उसका नाम प्रकृति है। दोनों बाल्टी में पानी लिये हुए हैं। उसे रास्ते में उड़ेलकर नृत्य समूह में शरीक होकर गाते हैं।]

चिरई-चउआ को पानी दे*
ताल-तलैया को पानी दे
बच्चा-बुतरू को पानी दे
नई-पुरानी नैया को नदिया भर पानी दे
मेघा सगरो पानी दे...

[इसी बीच एक चरवाहा (लड़की पुरुष के स्वाँग में) आता है। उसके साथ गायों का झुंड है। नृत्य समूह उसे तिरछी निगाहों से देखता है कि नृत्य धीरे-धीरे थम जाता है। एक-दूसरे की आँखों के इशारे में बात होती है और नृत्य समूह गायों को घेर लेता है। चरवाहा अवाक् होकर देखने लगता है। एक लड़की उसके कन्धे से गमछा उतार लेती है। अन्य लड़कियाँ खिलखिलाकर हँसने लगती हैं।]

चरवाहा : गाय काहे घेरे हो?

प्रकृति : देखत नाहीं हो कि दुर्भिक्ष पड़ा है। धरती की छाती दरक गई। मुरझाय गए वन के पात और झुराय गई दूब।

चरवाहा : हाँ, ऐसा अकाल अपनी उमिर में नहीं देखा।

प्रकृति : चिरई-चउआ रोवत हैं। कहीं पानी नाहीं है एक ठोप। तू चिरई के रोवत कबो देखो हो?

चरवाहा : फुदकत देखा है, रोवत नाहीं।

प्रकृति : और चउआ के?

---

* चउआ—गाय, बैल आदि घरेलू चौपाये।

चरवाहा : हाँ, देखा है, ढर-ढर लोर बहत देखा है। काहें रोवत हैं चउआ, आज तक जान नहीं पावा।

सुआ : पास रहत हो और तुम्हें नाहीं मालूम! कइसा आदमी हो! कइसा करेजा है तुम्हार!

चरवाहा : अब जवन कहो लेकिन हमें जाय देव।

प्रकृति : कैसे जाय दें, दुर्भिक्ष जो पड़ा है।

चरवाहा : दुर्भिक्ष! यहमा हमार कौन कसूर?

प्रकृति : *(डाँटकर)* चुप।

सुआ : तुम हमें चीन्हत हो कि हम कौन हैं?

चरवाहा : हम आपके कैसे चिन्हब? पहली बार देखित हैं।

प्रकृति : ई जवन देखत हो जंगल-पहाड़, सबके मालिक हैं हमार स्वामी। हमार मरद। चीन्ह लो यही हैं।

[सुआ की ओर इशारा करते हुए]

चरवाहा : आप के हैं?

प्रकृति : हम? हम प्रकृति हैं।

चरवाहा : *(गिड़गिड़ाते हुए)* हम आपका गोड़ धरित हैं, छोड़ दो हमका। कौनो गलती भवा हो, तो माफ कय देव। अब कान पकरित हैं कि इधर न आइब।

सुआ : चलो माफ किया। तुमको हम छोड़ देब लेकिन तुम्हारी गाय न छोड़ब।

चरवाहा : गाय घेरे से का मिली आपके?

सुआ : बरखा।

चरवाहा : बरखा तो बादल देते हैं।

प्रकृति : वह तो हमें भी मालूम है।

चरवाहा : तब?

प्रकृति : बादल से जाकर बोलो कि प्रकृति गाय को घेर लीन हैं और जब ले बरखा न होई न छोड़िहैं।

चरवाहा : हमार बादल तक पहुँच थोड़ो है? आवाज नाहीं

पहुँच सकत है उन तक।

सुआ : गाँव वालन मिल के बादल के पुकार के बोलो कि तुम्हारी बिटियन घेरा गई हैं। जल्दी से छोड़ावे बदे बरखा को भेजो।

चरवाहा : बिटियां?

सुआ : गाय बादल की बिटिया ही है न!

चरवाहा : बिटिया कैसे भई? जवन दिन नन्हकी गइया दिक्क पड़ी रही, कोई झाँके न आवा। कइसन हैं माँ-बाप!

प्रकृति : आय रहे। हम अपनी आँखिन से देखा है।

चरवाहा : *(सोचते हुए)* वह समय हम कहाँ रहे?

प्रकृति : वह तुम जानो।

सुआ : आसमान से उतर के नन्हकी गइया के लगे जब बादल आय रहा तो वह सिर नाहीं उठाय पावत रही। बादल जब यह देखा तो करेजा से सटाय लिया। प्यार करे लगा। देह-हाथ सुहरावे लागा। घड़ी भर बीता कि नन्हकी तिन्ना होय गय और नाचे लगी। गाछ-बिरिछ, ताल, तलैया के नाहीं देखा! जे देखा, वही नाचे लागा।

चरवाहा : ऐसी लीला!

प्रकृति : हां, ऐसी लीला।

सुआ : देखत नाहीं हो कि गाय जब रँभात* है तो मुँह ऊपर उठाय के रँभात है। बोलो सही कहित है न?

चरवाहा : सही।

प्रकृति : *(आसमान को दिखाते हुए)* तो ऊपर के है?

चरवाहा : बादल।

प्रकृति : तो गाय का भई बादल की?

चरवाहा : बिटिया।

---

* रँभाना—बोलना गाय का।

सुआ : तो जाओ गाँववाले मिल के बादल के बोलो कि हकासी-पियासी ठाढ़ है तोहार बिटिया! क्या बोलोगे?

[चरवाहा जाने लगता है तभी नृत्य समूह चरवाहा को घेर के गाने लगता है।]

चरहा झुराय गय
गाछ मुरझाय गय
हवा बौराय गय
आँखों में लोर भर ठाढ़ है बिटिया...

ओर-छोर अन्त नहीं
काई बोलन्त नहीं
आओ झमाझम, आओ झमाझम
आँखों में लोर भर ठाढ़ है बिटिया...

[गाना खत्म होता है तभी नेपथ्य से आवाज़ आती है "भागो, दिक्कू आ रहे हैं।" नृत्य समूह भाग खड़ा होता है मगर चेची (चरवाहा) नहीं भाग पाती। संन्यासी सैनिक आ धमकते हैं और उसे अपनी गिरफ्त में ले लेते हैं।]*

संन्यासी सैनिक : अरे भुतनि, मर्द के भेस में क्या खेल कर रही थी? मर्द बनने का बड़ा शौक है?

चेची : *(घबराए स्वर में)* अकाल पड़ा है। बरखा बदे गाय घेरकर बादल के धमकावत रहे कि...

*[वाक्य पूरा नहीं हो पाता कि वह सिसकने लगती है। इस बीच उसका विक्षिप्त भाई कुत्ते की तरह भौंकता आता है। संन्यासी सैनिकों को गोंठ-गोंठकर** बड़बड़ाता है।]*

---

* दिक्कू—पीड़ा देनेवाला (बाहरी आदमी को आदिवासी दिक्कू कहते हैं)।

** गोंठ-गोंठकर—किसी वस्तु या व्यक्ति को केन्द्र मानकर उसके चारों ओर गोल-गोल चक्कर लगाना।

युवक : एक, एक, एक, एक और एक, एक, एक, और एक, एक, एक। पी, पी, पी, पी। चू, चू, चू। एक, एक। हुर्र, हुर्र...छोड़ हुर्र...छोड़।

[संन्यासी सैनिक उसे लपककर पकड़ लेते हैं कि उसके सिर पर बँधा चिड़िया का पर गिर जाता है। वह उसे उठाने के लिए छटपटाता है।]

युवक : पंख, हमार पंख...हमार पंख...। हम उड़ब कैसे?

चेची : भाई है हमार। दिमाग ठीक नहीं है। भाई के छोड़ दो...।

संन्यासी सैनिक-2 : तेरी माँ कहाँ है भुतिनी?

चेची : नहीं है।

संन्यासी सैनिक-1 : बाप तो होगा?

चेची : वह भी नहीं है।

संन्यासी सैनिक-2 : कहाँ गए? जंगल पकड़ लिया?

चेची : मारे गए...।

युवक : *(बड़बड़ाते हुए)* मारा...मारा...तुमने...मारा...।

संन्यासी : *(डपटते हुए)* किसने मारा?

[कोई उत्तर नहीं।]

संन्यासी सैनिक विद्रूप हँसी हँसते हैं। हँसते-हँसते चेची और उसके भाई का गला दबा देते हैं। दोनों गोंगियाते हुए छटपटाकर शान्त पड़ जाते हैं।

[धीरे-धीरे रोशनी विलुप्त हो जाती है।]

दृश्य : 2

[दिन के तीसरे पहरवाली रोशनी मंच पर दिखती है। जंगल के बीच से गुजरनेवाले रास्ते से भागते हुए तामू, अनंग आते हैं और बैठकर बात करने लगते हैं। कभी-कभी नेपथ्य से जंगली जानवरों की आवाज़ सुनाई पड़ती है।]

अनंग : संन्यासी सैनिक चले गए?

तामू : चले गए होंगे।

अनंग : छोड़ संन्यासी सैनिक, संन्यासी पुरोहित की बात। तू अकाल के बारे में क्या कह रहा था? बता न!

तामू : *(हाथ के डंडे से ज़मीन पर लकीर खींचते हुए)* देख, अकाल अब यहाँ आ गया।

अनंग : यहाँ इस लकीर में?

तामू : *(ज़मीन पर लकीर खींचते हुए)* अकाल की यह देह है।

अनंग : यह कौन देह भई?

तामू : धर्म की देह।

अनंग : धर्म की देह!

तामू : तू नहीं समझेगा। जो कहता हूँ, वह सुन, जो दिखाता हूँ, वह देख, लबर-लबर मत कर।

अनंग : चाम की जीभ है। इधर-उधर हो जाती, क्या करें!

तामू : *(लकीर को एक दूसरी लकीर से काटते हुए)* देख, मैंने अकाल को मार दिया।

अनंग : *(तामू को नीचे से ऊपर देखते हुए)* तू तो बड़ा काम का आदमी निकला!

[दो आदमियों को घोड़े की तरह रथ में जोते हुए साखा आती है। यौवन से भरी, गर्वीली, बड़ी-बड़ी आँखोंवाली। उसे आता देख अनंग और तामू भागकर छिपना चाहते हैं और देखना भी। इस ऊहापोह में कुछ तय नहीं कर पाते। साखा पीछे के रास्ते से बिना इन लोगों को देखे निकल जाती है। उसके जूड़े से फूल खुलकर रास्ते में गिर जाता है। फूल उठाने के लिए अनंग, तामू दोनों दौड़ते हैं और आपस में फूल को लेकर छीना-झपटी करते हैं। अन्ततः फूल अनंग के हाथ लग जाता है। वह तामू को दिखाकर फूल सूँघता है। तामू उदास भाव से देखता है।]

तामू : एक बार दिखाएगा करीब से? दिखा जरा।

अनंग : सूँघने के लिए?

तामू : नहीं।

अनंग : हाथ से छुएगा तो नहीं?

तामू : छूने से क्या हो जाएगा? क्या फूल का रंग उतर जाएगा?

अनंग : मैं रंग उतरने की बात कर रहा हूँ?

तामू : तो फिर डर क्यों रहा है?

अनंग : अप्सरा की देह की गन्ध है इसमें। सूँघने से देह में सुरसुरी उठती है। सुरसुरी बूझता है?

तामू : ऐसा? फिर दिखा न। थोड़ा पास आके दिखा...।

अनंग : *(फूल को कान में खोंसते हुए)* देख, जितना देखना है, देखता रह।

तामू : इतनी दूर से?

अनंग : करीब से देखना है तो एक काम करना पड़ेगा!

तामू : बोल, क्या करना पड़ेगा?

अनंग : कमला में तीन डुबकी लगा के आ। रुकना नहीं है कहीं। जा सकेगा?

तामू : रात बीत जाएगी आने-जाने में। तब तक तू अगोरेगा मुझे?

अनंग : अगोरूँगा नहीं?

तामू : अच्छा, एक बात बता कि जब सुरसुरी उठती है तो कैसा लगता है?

अनंग : अभी अप्सरा के पसीने से भींगा है फूल। थोड़ा दम धर। बताऊँगा...बताऊँगा। पहले डुबकी लगा के आ।

तामू : न-न, मैं कह रहा था कि गन्ध का अपना महातम है। कहाँ-कहाँ का जीव खिंचा चला आता है। केवड़ा की गन्ध पाते चले आते हैं साँप। बूझता है न, केवड़े की गन्ध?

अनंग : तू कहना क्या चाहता है?

तामू : न-न, मैं कह रहा था कि कहीं मैं उधर गया, कहीं इधर तुमसे कोई...।

अनंग : *(हँसते हुए)* हमसे कोई छीन लेगा? जा-जा, तू डुबकी लगा के आ।

[तामू जाता है फिर पीछे लौटता है।]

तामू : तू भाग तो नहीं जाएगा? मैं तुझे कहाँ खोजूँगा?

अनंग : मैं तुझे खोज लूँगा।

तामू : तू जानता है कि मैं कहाँ रहता हूँ...

अनंग : जब जानना होगा, जान लूँगा।

तामू : सो कैसे?

अनंग : देह की गन्ध से।

तामू : देह की गन्ध से!

अनंग : मैं तुझे याद करूँगा कि जिस दिशा में तू रहेगा, उस दिशा से तेरी गन्ध आनी शुरू हो जाएगी। फिर उस दिशा की ओर बढ़कर तुझे खोज लूँगा।

तामू : ऐसा?

अनंग : जा-जा, डुबकी लगा के आ।

[तामू नेपथ्य की ओर बढ़ जाता है। अनंग ठठाकर हँसता है। हँसता रहता है कि दृश्यलोप हो जाता है।]

दृश्य : 3

[मंच पर हल्की रोशनी है। वनदेवी चबूतरे पर बिछे मृगछाल पर बैठी ध्यान मग्न हैं। नेपथ्य से पानी में किसी के चलने की आवाज़ आती है। वनदेवी का ध्यान भंग हो जाता है। वह उठकर इधर-उधर देखने लगती हैं।]

वनदेवी : *(पुकारकर)* छोटी, जरा देखना इतनी रात गए कौन आया?

[कोई उत्तर नहीं।]

वनदेवी : *(कुछ ऊँची आवाज़ में)* छोटी, तुम कहाँ हो, देखो द्वार पर।

[वनदेवी-2 उर्फ छोटी आती है, उसके पीछे सुआ है।]

वनदेवी-2 : सुआ आई है।

वनदेवी : इतनी रात गए!

[वनदेवी-2 के पीछे से निकलकर सुआ वनदेवी के पैर पड़ती है और पास में बैठ जाती है। वनदेवी-2 चली जाती है।]

वनदेवी : *(सुआ से मुख़ातिब होकर)* कुशल तो है?

[कोई उत्तर नहीं।]

वनदेवी : सनपाती हुई गाय की तरह तुम्हारी आँखें भय से भरी हुई हैं। बोलो, क्या बात है? क्या संन्यासी

सैनिकों ने कहीं...!

[वाक्य पूरा नहीं हो पाता कि नेपथ्य से पानी में किसी के चलने की आवाज़ आती है। वनदेवी कानपात कर सुनती हैं।]

वनदेवी : *(अपने आपसे)* यह तो छोटी लग रही है। कहाँ जा रही...?

[वनदेवी-2 हाथ में गमछे की तरह लम्बे चौकोर वृक्ष की भींगी छाल को लेकर आती है और सुआ की ओर बढ़ाती है।]

वनदेवी-2 : द्वार पर चढ़ते समय तुम्हारा यह पट्ट गिर गया था जल में। सँभलकर चला करो।

वनदेवी : छोटी तुम्हीं पूछो। यह तो कुछ बोलती ही नहीं। यह समझती है कि मैं अन्तर्यामी हूँ कि बिना बताए समझ जाऊँगी इसके भीतर की बात।

सुआ : आप अन्तर्यामी नहीं हैं! यदि अन्तर्यामी नहीं हैं तो कैसे संन्यासी सैनिकों का नाम लिया।

वनदेवी : क्या वे अब भी पीछा कर रहे हैं?

सुआ : नहीं पता।

वनदेवी-2 : यहाँ आने का साहस नहीं होगा। वे हमारी सीमा में नहीं रख सकते पैर। तुम निर्द्वन्द्व होकर यहाँ विचरण कर सकती हो।

वनदेवी : द्वार पर जो बहता हुआ जल तुम्हें मिला, वह साधारण जल नहीं है। समुद्र ने उसे भेजा है। पहरे पर है वह जल। हमारे प्रति मन में द्वेष रखनेवाला ज्यों ही इसमें पैर रखेगा कि जल अपने प्रबल प्रवाह में लपेटकर उसे समुद्र के हवाले कर देगा।

सुआ : जल इतना अन्तर्यामी है?

वनदेवी : हाँ...इतना।

[नेपथ्य से पानी में लहर उठने की आवाज़ आती है।]

सुआ : लगता है, कोई आया।

वनदेवी-2 : वह कोई और नहीं बल्कि जल ही है। पाली बदल रहा है। दूसरा जल उसकी जगह पर आ रहा है।

सुआ : दूसरा जल?

[कोई उत्तर नहीं।]

सुआ : चेची कहती है हम लोग जल की जाति हैं।...हम जल की जाति कैसे हैं?

वनदेवी : यह चेची कौन है?

सुआ : वह बहुत अच्छी है। पता नहीं, भाग पाई होगी कि नहीं...खेल में चरवाहा बनी थी। उसे कुछ नहीं होगा न दीदी...?

[कोई उत्तर नहीं।]

सुआ : एक बार जंगल से लकड़ी चुनकर आ रही थी कि गजब हो गया...माथे पर लकड़ी का जो गटठ्र था उसमें मधुमक्खियों का छत्ता था। उसने अँधेरे में देखा नहीं। थोड़ी दूर बढ़ी होगी कि उधिया गईं मधुमक्खियाँ। लगीं छेदने। जब नहीं रहा गया तो बोझा पटककर भागी झुरियाझार। भागते-भागते जब थक गई तो सोचा थोड़ा सुस्ता ले, जैसे सुस्ताने के लिए ठमकी कि देखा मधुमक्खियाँ माथे पर। वह फिर भागने लगी और जब कमला के तट पर पहुँची कि उसमें छलाँग लगा लिया। संयोग था

कि मैं नहा रही थी कि तैरकर उसे थाम्ह लिया और किनारे ले आई। मधुमक्खियाँ तब तक जा चुकी थीं। क्या जल से मधुमक्खियाँ भय खाती हैं?

वनदेवी : भय तो खाएँगी ही। समुद्र के तट पर हिहड़ी-पिपड़ी का बास जो था।

सुआ : हिहड़ी-पिपड़ी* कौन हैं?

वनदेवी-2 : जिसने सृष्टि-रचना की, जिसने हँसी-रुदन को जन्म दिया और दिया उल्लसित मन।

वनदेवी : उन्होंने समुद्र के तट पर शिशु को जिस दिन जन्म दिया, उस दिन ऐसी वर्षा हुई कि लगा पृथ्वी लय हो जाएगी। शिशु को गोद में छिपाकर वर्षा से बचाएँ तो कैसे बचाएँ। इस उधेड़बुन में थे कि तभी एक केले का पत्ता बहता हुआ तट की ओर आया जिसे हाथ बढ़ाकर हिहड़ी ने उठाया और शिशु के ऊपर तानकर खड़ा हो गया कि धीरे-धीरे वर्षा थम्ह गई। गुजर गया अलाय-बलाय। विपत्ति में साहस जुटाकर जीने की सीख देनेवाले उसी आदि पुरुष और स्त्री की हम सन्तान हैं।

सुआ : संन्यासी पुरोहित किसकी सन्तान हैं?

वनदेवी : हिहड़ी-पिपड़ी के।

सुआ : और हम?

वनदेवी : हिहड़ी-पिपड़ी के।

सुआ : फिर वे हमें क्यों मारते हैं?

[कोई उत्तर नहीं।]

[नेपथ्य में पानी में कई लोगों के चलने की आवाज़ आती है। वनदेवी उठ खड़ी होती हैं।

---

* हिहड़ी-पिपड़ी—आदिवासियों के अनुसार सृष्टि के आदि पुरुष और नारी।

इधर-उधर देखने लगती हैं।]

वनदेवी : *(सुआ से मुख़ातिब होकर)* तुम भीतरी कक्ष में जाओ। लगता है कि दूसरे द्वीप की वनदेवियाँ आ रही हैं।

[वनदेवी द्वार की ओर बढ़ती हैं और सुआ भीतरी कक्ष में जाने के लिए मुड़ती है, साखा का प्रवेश होता है।]

साखा : *(प्रणाम करते हुए)* मैं साखा, एक गन्धर्व कन्या...।

[वनदेवी बैठने के लिए इशारा करती है। साखा मोढ़े पर बैठती है और वनदेवी भी।]

साखा : सन्दर्भ की पुत्री और निपुण की बहन हूँ। शंखद्वीप कुल बास है मेरा।

वनदेवी : *(आश्चर्यपूर्वक)* सन्दर्भ की पुत्री हैं आप? यदि सन्दर्भ की पुत्री हैं तो निपुण की बहन कैसे हुईं? निपुण तो सन्दर्भ की बहन है। आप किसी और सन्दर्भ-निपुण की बात कर रही हैं जिन्हें मैं नहीं जानती।

साखा : क्षमा, मैं उसी सन्दर्भ की बात कर रही हूँ। निपुण सन्दर्भ की बेटी थी, बहन नहीं।

वनदेवी : असम्भव। सन्दर्भ का हमारा वर्षों का साथ रहा है। उसके बारे में मुझे कोई बताएगा? दुधमुँहे हिरणी के छौनों को अपने नृत्य से मोहनेवाली, पाकड़ के वृक्षों पर रात्रि विश्राम कर रहे पंछियों में सुबह की चहचहाहट पैदा करनेवाली वह अपूर्वा मेरी सखी थी। मुझे याद है कि किस तरह उसके आलापों से आकाश मेघिल हो जाते थे और देखते-देखते बरसने लगते थे। वह अक्सर एकान्त क्षणों में

उदित होती थी, आँखों के पीछे से चौंकाते हुए लिपट जाती थी। उसके आते ही दूर हो जाता था मन का सूनापन। वह पहले से और सुन्दर मोहक और लय में लगती थी दिखने। हम उसे उत्सव कहते थे, वह मुझे अगम। हम नदियों और वृक्षों को भी अलग-अलग नामों से पुकारते थे...। कितने दिन हुए उसे देखे हुए। निपुण भी नहीं दिखी। कई बार निपुण और सन्दर्भ को पहचानना मुश्किल हो जाता था कि कौन निपुण है, कौन सन्दर्भ। ऐसा था रूप-रंग। आप सन्दर्भ की पुत्री हैं, मुझे विश्वास ही नहीं हो रहा है।

साखा : सत्य तो यही है कि मैं सन्दर्भ की ही पुत्री हूँ। क्या मुझे देखकर गन्धर्व कन्या का बोध नहीं होता?

वनदेवी : यह मैंने कब कहा कि नहीं होता। सन्दर्भ से कोई सम्बन्ध है आपका, यह संदिग्ध अवश्य लगता है। ऐसा कुछ भी होता तो सन्दर्भ चर्चा अवश्य मुझसे करती। मन की कितनी बातें होती थीं उससे। हमने वसन्त के कितने रंगों में नहाया है एक साथ। वह मेरी सखी थी।

साखा : आपकी सखी थी तभी तो आपके पास आई हूँ। मुझे ममूतो माँ ने आपके बारे में बताया था।

वनदेवी : ममूतो माँ कौन हैं?

साखा : उन्होंने हमें पाला। जब सयानी हुई और रंगों का बोध होना शुरू हुआ तो उन्होंने एक शाम बताया कि मैं एक गन्धर्व कन्या हूँ। मेरी माँ मुझे जनने के लिए यहाँ आई थी और सौंप गई उन्हें। माँ के बारे में ममूतो माँ से पूछा तो उन्होंने टाल दिया। इसी तरह जब भी पूछा, वह टालती रहीं। एक ठंड भरे दिन में मेरे केश में फूल गूँथते समय अपने

आप ममूतो माँ ने मेरी माँ के रूप का बखान करना शुरू किया। उस दिन वह बहुत ही खुश थीं। उन्होंने कहा कि एड़ियों तक झूलते थे उसके केश। वह अदृश्य होने की कला जानती थी। और यह कला वनदेवियों से सीखी थी। उस दिन ममूतो ने माँ का नाम बताया और यह भी कहा कि एक दिन जल मार्ग से वह आ रही थी कि अचानक जल में अपना मुखड़ा देखा। उसे लगा कि उम्र का असर हो रहा है। वह यह देखकर उदास हो गई और न जाने क्या सोचा कि उसने जल में छलाँग लगा ली।

वनदेवी : उसने जल समाधि ले ली! कैसे हो गया यह सब? साधु पथों से आनेवाले गन्धर्वों ने कभी कुछ कहा नहीं। कोई तो कहता। डर लगता था मुझे कभी-कभी, जब वह अपने रूप को लेकर अभिमान करती थी। बरजना चाहती थी, पर बरजा नहीं। कभी उसे कुछ कहा नहीं, सिर्फ इस भय से नहीं कहा कि कहीं उसका उमंग कुम्हला न जाए। इन आँखों के सामने कितने गन्धर्वों को ऐसे ही जाते देखा है, किसी को चाहकर भी रोक ना सकी।

साखा : मैं उन गन्धर्वों की तरह नहीं हूँ और न ही अपनी माँ की तरह। मैं इस तरह नहीं जाना चाहती। जीवन को भरपूर जीना चाहती हूँ। उसके हर रंग में रँगना चाहती हूँ। मैं वह सब करना चाहती हूँ जो उन्होंने नहीं किया।

वनदेवी : निपुण कहाँ है?

साखा : नहीं पता। वर्षों से नहीं पता।

वनदेवी : निपुण से तुम्हारी अन्तिम भेंट कब हुई थी?

साखा : स्मृति में एक धुँधली-सी आकृति है उनकी, उनका

कुछ कहा मालूम नहीं पड़ता। बात करने योग्य जब हुई तो...ममूतो माँ बताती हैं कि बहिन ने माँ के सम्बन्ध में जब सुना कि वह नहीं रही तो वह सन्न रह गई। कुम्हला गया चेहरा। आँखों से टप-टप आँसू टपकने लगे। चुपचाप उठी, बाहर चली गई। तब की गई आज तक न लौटी। आपके पास कब से नहीं आई?

वनदेवी : वह जब भी आती थी सन्दर्भ के साथ ही आती थी। कभी आगे, कभी पीछे और कभी साथ-साथ... एक युग बीता उन्हें देखे हुए।

[क्षण भर सन्नाटा।]

साखा : आज्ञा चाहूँगी।

वनदेवी : अब कब आओगी?

साखा : कह नहीं सकती परन्तु आपसे अन्तर्धान की कला सीखने अवश्य आऊँगी एक दिन। सिखाएँगी तो?

[वनदेवी मुस्कुराती हैं। साखा झुककर प्रणाम करती है और जाने लगती है कि धीरे-धीरे रोशनी विलुप्त हो जाती है।]

दृश्य : 4

[मंच पर धूप-छाँव वाली रोशनी आती है। जंगली राहों में चलते अनंग और तामू दिखाई दे रहे हैं। अनंग चालाक और धूर्त है। तामू वाचाल, लोभी और मनबढ़!]

तामू : अब और कितनी दूर?

अनंग : बस आ ही गए। अगली पहाड़ी लाँघते ही कुलांगारों की सीमा शुरू हो जाएगी।

तामू : अगली पहाड़ी सुनते-सुनते सुबह से शाम होने को आ गई, परन्तु तुम्हारी अगली पहाड़ी अभी तक नहीं आई। कहीं मेरे साथ छल तो नहीं कर रहे हो?

अनंग : तुम्हारे पास है ही क्या जिसके लिए मैं छल करूँगा!

तामू : बुद्धि। बुद्धि है, जो मैं तुम्हें देता हूँ।

अनंग : तुम्हारी अक्ल से कभी कुछ हासिल तो हुआ नहीं, चपत अलबत्ते पड़ी जहाँ-तहाँ।

तामू : तुमने अपनी अक्ल लगाई क्यों नहीं?

अनंग : नहीं लगाई। तुम्हारी अक्ल पर भरोसा जो था!

तामू : आधे मन से भरोसा करोगे तो ऐसा ही होगा।

अनंग : इस बार पूरे मन से किया है। देखना है कि किस युक्ति से कुलांगार को वश में करते हो।

तामू : हमारे पास ऐसी लकड़ी है जिसे सुँघा देने पर बाघ दुम हिलाता पैर चाटने लगता है।

अनंग : नाक तक जब पहुँचोगे तब न बाघ दुम दबाकर पैर चाटेगा!

तामू : हम कैसे पहुँचेंगे इसके लिए तुम अभी से क्यों व्याकुल हो? हम एक बात पहले कह देते हैं कि यदि हमारी बुद्धि में अपनी बुद्धि तुम जोड़े और कुछ ऊँच-नीच हुआ तो उसकी जिम्मेदारी तुम्हारी होगी।

अनंग : धीरे बोलो बाप।

तामू : तुमको भय लगता है?

अनंग : तुम मुझसे अधिक साहसी और बुद्धिमान हो इसलिए ही तुम्हें कुलांगारों के पास ले चल रहा हूँ। कोई ऐसा रास्ता निकाल दो कि कुलांगार मुझे अपना आदमी समझकर संन्यासी पुरोहितों से हमारी रक्षा करें...। और तुम्हारी भी। हमें अपना जन समझें।

तामू : क्या इसलिए ही मुझे लेकर यहाँ आए हो?

अनंग : और किसलिए।

तामू : मैं कुछ समझा नहीं।

अनंग : तुमने क्या समझा खजाना मिलेगा?

तामू : मैंने तो यही समझा था। तुमने बताया था न कि कुलांगार लोगों को लूटते-मारते हैं। उनके पास अपार सम्पदा है। मैंने सोचा कि बुद्धि लगाकर उनकी लूट में से कुछ धन हथिया लिया जाए।

अनंग : यह भी तो मैंने कहा कि वे क्रूर, बली और खूँखार हैं।

तामू : उससे हमें क्या लेना-देना! हुआ करें खूँखार!

अनंग : तुम समझ नहीं रहे हो।

[तामू हँसता है।]

[अनंग और तामू मंच के आगेवाले भाग की

दाईं ओर जाते हैं। मंच के पीछेवाले भाग में कुलांगार के घर का द्वार दिखाई पड़ता है। कुलांगार द्वार के बाहर जल भरे पत्थर की हौद में मुँह निहारता अपना जूड़ा बाँध रहा है। आहट पाकर कुलांगार पलटकर देखता है। तामू और अनंग सहम जाते हैं।]

कुलांगार : *(अनंग से मुख़ातिब होकर)* क्या रे लोमड़, लाना था किसे और किसे लेकर आ गया!

अनंग : विधाता यह उससे भी श्रेष्ठ है।

कुलांगार : *(तामू को ऊपर से नीचे निहारते हुए)* देखने में घाघ लगता है। आँखों में इसकी धूर्तता भी है। हम ऐसा ही खोज रहे थे। ऐसा ही लोमड़, जिसे हम अपने दूत का अनुचर बना सकें।

अनंग : यह मनबढ़ भी है विधाता।

कुलांगार : नहीं होगा तो उसे हम बना देंगे।

अनंग : महत्त्वाकांक्षी भी है।

कुलांगार : लोभी होना उत्तम है।

अनंग : स्वामिभक्त इतना कि जान तक दे सकता है।

कुलांगार : इसकी जान तो हमारी मुट्ठी में होगी। लेने-देने का प्रश्न कहाँ उठता है। यह हम पर निर्भर करता है कि हमें कब तक इसे जीवित रखना है।

[तामू भय से काँप जाता है।]

कुलांगार : लोमड़ को क्या हो गया? कुछ उद्विग्न-सा लग रहा है। हठात् क्या हो गया?

अनंग : संन्यासी पुरोहितों के बारे में सोचता है तो ऐसे ही उद्विग्न हो जाता है।

कुलांगार : *(व्यंग्यात्मक हँसी हँसते हुए)* संन्यासी पुरोहित...!

तामू : जीवनदाता कुछ अनुरोध करने की अनुमति चाहता हूँ।

कुलांगार : अभी आए घड़ी भर नहीं बीता कि अनुरोध करना चाहता है। हम अपने सेवकों को जीवन में एक बार अनुरोध करने का अवसर देते हैं। वह अवसर तुमने अभी माँग लिया? अच्छा बोल, क्या कहना चाहता है।

तामू : हम अपने घर जाना चाहते हैं। पुनः आ जाएँगे एक-दो दिन में।

[यह सुनकर ठठाकर हँसता है कुलांगार।]

अनंग : एक बार जो यहाँ आता है वह दुबारा लौट नहीं पाता।

तामू : तुम कैसे लौटते हो?

कुलांगार : हमारे बंसी का चारा है यह। इसी से तो हम शिकार करते हैं।

तामू : हमसे भी उसी तरह शिकार कीजिए।

कुलांगार : तुझसे नहीं कर सकता।

तामू : क्या मैं उस योग्य नहीं?

कुलांगार : नहीं। तुझे तो अब हमारे दूत का अनुचर बनकर रहना ही होगा।

तामू : *(अनंग की ओर मुख़ातिब होता है)* तुमने मेरे साथ छल किया...छल किया मेरे साथ।

अनंग : छल क्या किया? तू जिस फलदार तरुवर की छाँव में आना चाहता था, वहाँ ले आया। हमने छल क्या किया!

तामू : लेकिन तुमने यह तो नहीं कहा था कि कोई यहाँ से वापस नहीं लौटता।

अनंग : कैसी मूर्खतापूर्ण बातें कर रहा है! आदमी आगे की

ओर बढ़ना भी चाहे और पीछे भी लौटना चाहे, ऐसा भी कहीं होता है?

तामू : मेरे साथ छल हुआ...मुझे कुछ नहीं चाहिए...बस, मुक्ति दे दो...।

कुलांगार : *(हँसते हुए)* मुक्ति...!

तामू : हाँ, मुझे मुक्ति चाहिए...।

[कुलांगार गुस्से में तमतमाकर उठता है और तामू के बाल पकड़कर अनंग के आगे ढकेल देता है।]

कुलांगार : इसे ले जा, अनुचरों के कटघरे में डाल आ।

[अनंग तामू की गरदन पकड़कर ले जाता है। वह छटपटाता है।]

कुलांगार : *(हँसते हुए)* मुक्ति...!

[धीरे-धीरे रोशनी लुप्त हो जाती है।]

दृश्य : 5

[प्रकाश आता है। पहाड़ी नदी के तट का दृश्य उभरता है। तट पर वनदेवी पलकें मूँदे अदृश्य से स्वरालाप करती हुई दिखती हैं।]

वनदेवी : हृदय की बात कहने के लिए बार-बार तुम्हारे पास आती हूँ और रुदन और हँसी के बीच बैठ जाती हूँ...अबोध बच्ची की तरह। जितना मैं अपने को अभिव्यक्त करती हूँ, उससे कहीं अधिक रह जाता अनकहा। अन्तर में छिपे भाव शब्दों में नहीं आ पाते, रंगों में नहीं आ पाते, वाद्य में नहीं आ पाते। प्रीत की डोर थोड़ी बड़ी कर दो कि जिसके सहारे उतर सकूँ भीतर...तक, गहन से गहनतर। सच कहती हूँ खेला हो जाएगा। तुम मुस्कुराते हो खेला का नाम सुनकर। इसी तरह अपना मन भी मुस्कुराता है अपने ही दूसरे मन पर। मानो वह कह रहा हो कि पहाड़ की चोटी से ढिमलाकर नदी में गिरनेवाला पत्थर का एक नन्हा-सा टुकड़ा ही तो है, जिसको नदी ने अपनी लहरों से सँवारकर देखने लायक एक सूरत दी तुझे और तू आज खेला की बात करती है! हाँ, करती हूँ। अन्तर की उज्ज्वलता से धोते तुम्हारे चरण, निर्भय, निरंजन रहने का आशीष जो तुमसे पाया है। मेरे भीतर तुम्हारा ही मुखमंडल सूर्य की तरह दीप्त है। तुम्हीं तो मुझ गूँगी से संवाद करते हो, गूँगों के भीतर पैठकर

तुम्हीं सुनाते हो गान और तुम्हीं पत्तों से टपकती बारिश की बूँदों की ध्वनि पर नाचते हो। तुम्हारी इतनी कृपा है। फिर भी किसी के लिए कुछ कर नहीं पाती। धैर्य और साहस देने के सिवाय। मुझमें वह सामर्थ्य भरो कि अन्धकार को दूर कर सकूँ। मानुस के भीतर सोई शक्ति को जगा सकूँ और उसके सपने को आकार दे सकूँ। कितना दुःखद है कि इतने वर्षों से एक साथ रहते हुए भी अपरिचित है सब कुछ! इन अपरिचितों के मध्य संवाद स्थापित करो गिरिवर, अकेला को दुकेला करो...।

[सुआ एक छोटे-से पात्र में पेय लेकर आती है। पदचाप सुनकर वनदेवी का ध्यान भंग होता है। वनदेवी की निगाह सुआ पर पड़ती है।]

सुआ : तरूक लाई हूँ।

वनदेवी : *(मुस्कुराते हुए)* तुमने लिया!

[सुआ स्वीकार में सिर झुका देती है। वनदेवी उठकर आती हैं और सुआ के हाथ से तरूक लेकर पीने लगती हैं।]

वनदेवी : तुम्हारे यहाँ यह होता है?

सुआ : बहुत।

वनदेवी : देवतागण इसके लिए तरसते हैं।

सुआ : अभी अकेले में किनसे बात कर रही थीं?

वनदेवी : तुमने नहीं देखा?

[सुआ नकारात्मक सिर हिला देती है।]

वनदेवी : तुम्हारे आते ही वे चले गए।

सुआ : कहाँ चले गए?

वनदेवी : प्रार्थना में।

सुआ : फिर कब आएँगे?

वनदेवी : प्रार्थना के समय।

सुआ : क्या वे हिहड़ी-पिपड़ी थे?

[कोई उत्तर नहीं।]

सुआ : एक बार उनसे मिलूँगी तो...कहूँगी कि मेरे पैर दुखते हैं भागते-भागते। अँधेरे में ठोकरों से रह-रहकर लगती है ठेस। मुँह का कौर मुँह में रह जाता है...। जूठा हाथ लिये छुपना पड़ता है जहाँ-तहाँ। मारते हैं वे हमें, देखते ही मारते हैं। महुआ के फूल जैसा चूते हैं माँ-बाबू के आँसू। मेरे हाथ छोटे हैं, मेरे पैर छोटे हैं, मेरी भूख छोटी है, फिर भी वे मारते हैं। देखती रहती है गौरैया, किलहट और बिलख पड़ती है कुटुम्ब की तरह। कहूँगी जल्दी से मेरे हाथ-पाँव बड़े कर दो। जिस दिन मेरे हाथ-पाँव बड़े हो जाएँगे मैं पहाड़ उठाकर उनके सिर पर पटक दूँगी जो हमें मारते रहते हैं...खेद-खेदकर।

[वनदेवी-2 आती है।]

वनदेवी-2 : *(सुआ से रू-ब-रू होते)* मैंने तुम्हें कहाँ-कहाँ नहीं ढूँढ़ा और तुम यहाँ बैठी हो!

सुआ : आपने ही कहा था कि बड़ी को पेय दे आओ।

वनदेवी-2 : मैं तो भूल ही गई थी...हाँ, वनदेवी दग्धा आई थीं। वह बता रही थीं कि तुम्हें लेकर तुम्हारे माँ-बाप बहुत चिन्तित हैं। मैं समझ सकती हूँ कि उनके भीतर कितनी आशंकाएँ फण उठाए उन्हें डरा रही होंगी।

सुआ : *(विचलित भाव से)* जा रही हूँ।

वनदेवी : *(वनदेवी-2 से मुखातिब होकर)* छोटी, आधे रास्ते तक छोड़ आ, जा।

वनदेवी-2 : आगे चली तो जाएगी, भय तो नहीं करेगी?

[सुआ नकारात्मक सिर हिलाती है।]

वनदेवी : हिहड़ी-पिपड़ी की सन्तान को भय कैसा?

वनदेवी-2 : क्यों सुआ?

[कोई उत्तर नहीं।]

वनदेवी : मन छोटा मत करो।

वनदेवी-2 : हँसो कि हँसेंगे रास्ता, घाट और जब वे हँसेंगे तो तुम्हें थकान नहीं होगी। हँसो...।

[सुआ खिलखिलाकर हँस पड़ती है। धीरे-धीरे रोशनी विलुप्त हो जाती है।]

दृश्य : 6

[रोशनी आती है। द्वार के बाहर दो संन्यासी प्रहरी चहल-क़दमी करते हुए आपस में बात कर रहे हैं। रोशनी उन्हीं दोनों प्रहरियों के चतुर्दिक् है।]

संन्यासी प्रहरी-1 : ऐसी अनहोनी!

संन्यासी प्रहरी-2 : मंत्रों से सिद्ध आश्रम में बाहरी शक्ति का अनधिकार प्रवेश होता है, मंत्र उसे भस्म करने में सक्षम नहीं हो पाते, इसका क्या अर्थ समझा जाए?

संन्यासी प्रहरी-1 : विवेचना, व्याख्या करना हमारा कार्य नहीं। उसके लिए संन्यासी पुरोहितों की विद्वत्-मंडली है।

संन्यासी प्रहरी-2 : उन दोनों संन्यासी प्रहरियों का क्या दोष था कि उन्हें कुलांगार घोषित कर आश्रम से निष्कासित कर दिया गया?

संन्यासी प्रहरी-1 : प्रवेश द्वार पर आसुरी शक्ति को उन्होंने रोकने की चेष्टा नहीं की। वे तो उत्सव देखने में मग्न थे।

संन्यासी प्रहरी-2 : मैंने सुना है कि आसुरी शक्ति हवा के भेस में थी और हवा को हम देख नहीं सकते।

संन्यासी प्रहरी-1 : निश्चय ही वह पकड़ी जाएगी। संन्यासी सैनिकों के चक्षु से कोई बच नहीं सकता।

संन्यासी प्रहरी-2 : अँधेरा गाढ़ा होता जा रहा है। अच्छा मित्र, यह बतावें कि आश्रम के बाहर आलोक ले

जाना क्यों वर्जित है? इसलिए तो नहीं कि सामान्य जन आलोक का दर्शन कर लेंगे?

संन्यासी प्रहरी-1 : माँ अग्नि अपवित्र हो जाएँगी और उनका आलोक भी।

संन्यासी प्रहरी-2 : परन्तु संन्यासी महापुरोहित आलोक अपने साथ जहाँ चाहें वहाँ ले जा सकते हैं। इससे क्या अग्नि और उनका आलोक अपवित्र नहीं होगा? क्या संन्यासी महापुरोहित शास्त्र के परे हैं?

संन्यासी प्रहरी-1 : *(क्रोधित होकर)* तुम सीमा का उल्लंघन कर रहे हो।

संन्यासी प्रहरी-2 : क्षमा।

संन्यासी प्रहरी-1 : संन्यासी महापुरोहित के कृत्यों के सम्बन्ध में प्रश्न उठाने का ऐसा दुस्साहस तुम्हें कैसे हुआ? वे संन्यासी पुरोहितों में श्रेष्ठ हैं। अग्नि के ज्येष्ठ पुत्र के रूप में पूजित हैं। नियम के बाहर रहता है उनका खड़ाऊँ। तुम्हें यह ज्ञात है कि इसके लिए मैं तुम्हारा सिर धड़ से अलग कर सकता हूँ।

संन्यासी प्रहरी-2 : अपनी मूर्खता के लिए आपसे क्षमा की याचना कर रहा हूँ—क्षमा, क्षमा...।

[नेपथ्य से शंख और घंटा बजने की ध्वनि आती है। दोनों संन्यासी प्रहरियों की बातों का क्रम टूटता है। रोशनी आश्रम के भीतरी कक्ष में केन्द्रित होती है, जहाँ संन्यासी महापुरोहित की सभा चल रही है। संन्यासी महापुरोहित ऊँचे आसन पर विराजमान हैं। उनकी दाईं

और बाईं ओर खड़े दो लोग चँवर डुला रहे हैं। जहाँ-तहाँ मशालें जल रही हैं।]

वृद्ध संन्यासी पुरोहित : *(संन्यासी महापुरोहित से)* संन्यासी गणपति सत्यमुख उपस्थित होने की आज्ञा चाहते हैं।

[संन्यासी महापुरोहित हाथ के संकेत से आने का आदेश देते हैं। संन्यासी गणपति सत्यमुख का प्रवेश।]

संन्यासी गणपति सत्यमुख : *(झुककर संन्यासी महापुरोहित को प्रणाम करते हुए)* क्षमा महा! हम उस आसुरी शक्ति को पकड़ने में विफल रहे। वह शक्ति न तो पुरुष के रूप में थी और न ही स्त्री के रूप में। वह हवा का झोंका बनकर आई थी और पलक झपकते ही सब खड़मंडल करके चली गई। हमारा कोई विशेष अहित नहीं हुआ।

वृद्ध संन्यासी पुरोहित : सिंहासन को उसने उलट दिया और एक-दो संन्यासी सैनिकों को भी आघात लगा।

संन्यासी पुरोहित अरण्य : बीच में बोलने की धृष्टता के लिए क्षमा। मैं ध्यान में था। ध्यान जब भंग हुआ तो अपने सामने ज़मीन पर चरण-चिह्न देखे। निश्चय ही वह भागते चरण रहे होंगे। बाहरी और अपरिचित चरण। सोचा कि उसे वृद्ध संन्यासी पुरोहित को दिखाऊँ, जब तक मैं वृद्ध संन्यासी पुरोहित को लेकर आया तब तक चरण-चिह्न मिट चुके थे।

वृद्ध संन्यासी पुरोहित : यह भ्रम भी हो सकता है।

संन्यासी पुरोहित अरण्य : हमें पूरा विश्वास है कि वह स्त्री के चरण थे।

वृद्ध संन्यासी पुरोहित : कुलांगार के नहीं?

संन्यासी पुरोहित अरण्य : नहीं। किसी पुरुष के तो कदापि नहीं।

संन्यासी महापुरोहित : वनदेवियों के...?

वृद्ध संन्यासी पुरोहित : वह ऐसा कदापि नहीं कर सकतीं। उनका हमारा वैचारिक मतभेद भले हो, कटुता तो नहीं है। फिर इतने वर्षों में तो कभी भी ऐसा नहीं हुआ। आज क्यों होने जायेगा। वह ऐसा निकृष्ट कार्य नहीं कर सकतीं। उन्हें अपनी मर्यादा का ध्यान बराबर रहता है। यह कार्य किसी जानवर का हो सकता है जिसके पंजों के चिह्न को संन्यासी पुरोहित अरण्य स्त्री के चरण समझ रहे हैं।

संन्यासी महापुरोहित : किसी ने कुछ नहीं देखा। आसुरी शक्ति सिंहासन उलटकर चली जाती है, किसी ने कुछ नहीं देखा। सुरक्षाकर्मियों के गणपति ने भी नहीं। जो भी हो, उस आसुरी शक्ति ने सुरक्षा व्यूह को भेदकर एक तरह से हमारी सत्ता को चुनौती दी है। अग्नि कुटुम्ब भें सम्भवतः यह प्रथम घटना है।

वृद्ध संन्यासी पुरोहित : समझ में नहीं आता कि ऐसा दुस्साहस कौन कर सकता है? अग्नि के भय से न तो आसुरी शक्तियाँ आ सकती हैं और न कोई अन्य।

संन्यासी महापुरोहित : न ही जानवर...।

वृद्ध संन्यासी पुरोहित : वह हवा ही होगी महा। दूसरा नहीं। आप जैसा तेजस्वी महापुरुष जब आश्रम के सर्वोच्च आसन पर विराजमान हो, दूसरा साहस भी नहीं कर सकता...। आप ज्येष्ठ अग्निपुत्र हैं महा।

संन्यासी महापुरोहित : ज्येष्ठ अग्निपुत्र कहकर अब और लज्जित मत कीजिए वृद्ध संन्यासी पुरोहित। हमारे पूर्ववर्ती

संन्यासी महापुरोहितगण जहाँ होंगे, वहाँ मेरे बारे में क्या सोचते होंगे? मेरे बारे में उनकी क्या धारणा बनती होगी? यही न कि जिसको हमने अपना उत्तराधिकारी चुना, वह सर्वथा उस योग्य नहीं था। अग्नि का ज्येष्ठ पुत्र कहलाने के योग्य नहीं था। अग्र पंक्ति में प्रथम पुरुष के रूप में खड़ा होने के योग्य नहीं था। आश्रम में आनेवाले अतिथियों के स्वागत में मंगल गान के योग्य नहीं था। जितना क्लेश, जितनी पीड़ा मुझे आज हो रही है, इसके पूर्व कभी नहीं हुई थी। मैं कदाचित् संन्यासी महापुरोहित के योग्य नहीं।

वृद्ध संन्यासी पुरोहित : आपका मुख प्रातः की तरह उज्ज्वल है। आपका तेज, आपका प्रताप चमक रहा है विद्वानों में, सूरमाओं में...। निश्चय ही हम पता कर लेंगे उस दुरात्मा का और दंडित करेंगे, वह चाहे कितना भी शक्तिशाली क्यों न हो!

संन्यासी पुरोहित : ऐसा ही हो। यह तो स्पष्ट है कि जो घटा वह एक षड्यंत्र का हिस्सा है। इसका सम्बन्ध न किसी पशु से है और न ही अमूर्त से...। कृपया आप शास्त्र देखकर यह बतावें कि इस तरह की चूक के लिए गणपति के लिए दंड का क्या विधान है?

वृद्ध संन्यासी पुरोहित : *(शास्त्र देखते हुए)* शास्त्र कहता है कि जब कोई साक्ष्य विदित न हो और निर्णय करने की असमंजसपूर्ण स्थिति हो, तो संन्यासी महापुरोहित अपने विवेक से निर्णय करने के लिए अधिकृत हैं।

[कुछ देर का सन्नाटा।]

संन्यासी पुरोहित : गणपति संन्यासी पुरोहित सत्यमुख मेरे उतने ही प्रिय हैं जितने अन्य संन्यासी पुरोहित, संन्यासी सैनिक, संन्यासी प्रहरी और अन्य गणपति संन्यासी पुरोहित। प्रिय होने के उपरान्त भी कुछ ऐसे कठोर निर्णय लेने पड़ते हैं जो निश्चय ही व्यक्तिगत रूप से किसी को रुचिकर नहीं हो सकता। आज ऐसा ही निर्णय मुझे लेना पड़ रहा है। सभी बिन्दुओं पर विचार करने से यह स्पष्ट हो गया कि अन्तःपुर की सुरक्षा के गणपति संन्यासी पुरोहित सत्यमुख दोषी हैं। यह बड़ा दोष है। इससे आश्रम की मर्यादा को चोट पहुँची है। अतः गणपति संन्यासी पुरोहित सत्यमुख को मृत्युदंड दिया जाता है।

[संन्यासी पुरोहित सत्यमुख को दो संन्यासी सैनिक जकड़ लेते हैं। सभा में सन्नाटा छा जाता है। संन्यासी महापुरोहित अपने आसन से उठते हैं कि धीरे-धीरे रोशनी विलुप्त हो जाती है।]

दृश्य : 7

[नेपथ्य से बादलों के गरजने की आवाज़ उठती है। रोशनी फैलती है। वनवासियों की चहल-पहल भरी बस्ती नुमायाँ होती है। गुफानुमा घर से निकलकर मात्या सुआ को आवाज़ देती है। बाहर से धृत्य दौड़ता हुआ आता है। मात्या को लेकर घर के अन्दर चला जाता है। रोशनी धृत्य और मात्या पर केन्द्रित होती है।]

धृत्य : संन्यासी सैनिकों का हाँका पड़ रहा है—छिपकर रहो।

मात्या : बादल गरज रहे हैं। बरखा भी शुरू हो गई।

धृत्य : *(प्रसन्न होकर)* गाय घेरने पर कैसी बरखा आ जाती है?

मात्या : न जाने कहाँ से धमक गए मुए संन्यासी सैनिक। लड़कियाँ सब भाग गईं! परन्तु बेचारी चेची...।

धृत्य : सुआ जब जानेगी तो...?

मात्या : उसे पता चल गया होगा। आज तीन दिन हो गए। न जाने वह कहाँ है। दिल घबड़ा रहा है।

धृत्य : नाहक घबड़ा रही हो मात्या। वह जहाँ होगी, ठीक होगी।

[नेपथ्य में संन्यासी सैनिकों की पदचाप तेज होती है।]

धृत्य : लगता है संन्यासी सैनिक कुलांगारों का पीछा कर रहे हैं? आखिर क्यों संन्यासी पुरोहित कुलांगारों को पीड़ित करते, उन्हें लूटते और कुलांगार भी

मौका मिलने पर पुरोहितों की हत्या करने, उन्हें लूटने से बाज नहीं आते?

मात्या : आह री स्त्रियाँ! केवल बच्चे जनने भर का जैसे हो उनका काम!

धृत्य : और उनकी सन्तानें भी होती हैं, उन्हीं संन्यासी पुरोहितों की तरह।

मात्या : मेरी माँ एक किस्सा सुनाती थी कि भिक्षाटन करता एक दिन एक युवा ब्राह्मण एक अप्सरा के द्वार जा पहुँचा। अप्सरा उस ब्राह्मण के सुन्दर वर्ण एवं उसकी पुष्ट देह देखकर उस पर आसक्त हो गई। उसने कहा मैं अपने आपको तुम्हें समर्पित करना चाहती हूँ विप्र। मुझे स्वीकार करो। विप्र का चित्त कहीं और था। उसने समझा कि भिक्षा पात्र आगे बढ़ाने को कहा जा रहा है, सो उसने अपना भिक्षा पात्र आगे बढ़ा दिया। अप्सरा उसमें पैठ गई। युवा ब्राह्मण सन्ध्या में अपनी कुटिया पर आया और हाथ-पाँव पखारकर जब दीया जलाया तो देखा कि सामने अप्सरा उपस्थित। चकित भाव से ब्राह्मण ने पूछा—आप? अप्सरा ने सारा वृत्तान्त कह सुनाया। युवा ब्राह्मण शास्त्रार्थ करने लगा। दिन भर भिक्षाटन, सन्ध्या में शास्त्रार्थ। शास्त्रार्थ करते-करते इसी तरह युग बीतता गया। इस बीच उनकी सन्तानें भी हुईं। मगर शास्त्रार्थ चलता रहा। दिन भर भिक्षाटन, सन्ध्या में शास्त्रार्थ। न उसे स्वामी का सुख मिला, न उसे स्त्री का। परन्तु दोनों साथ रहे। माँ कहती थी कि उसी के वंशज हैं ये संन्यासी पुरोहित।

[नेपथ्य में संन्यासियों की पदचाप और तेज होती है।]

मात्या : सुआ अभी तक नहीं आई!

धृत्य : वह वनदेवियों के साथ होगी।

धृत्य : उनसे हमारा क्या मेल? हम वनजीवी हैं और वे वनदेवियाँ। संकट आने पर परियों की तरह वे उड़ सकती हैं परन्तु मेरी सुआ...?

धृत्य : यह उड़ने की बात तुमने कहाँ सुनी?

मात्या : मेरी दादी कहती थी।

धृत्य : ऐसा नहीं है।

मात्या : परन्तु वे चिड़ियाँ और फूलों की भाषा जानती हैं। सुआ बता रही थी कि फूलों की घाटियों में वनदेवियों के साथ एक दिन वह गई थी। वनदेवियाँ जब गाने लगीं तो बन्द कलियाँ खिल गईं...विहँस पड़ीं। उन्हीं खिली कलियों में से एक सुर्ख फूल लाई थी सुआ। तुम्हें स्मरण आ रहा है, तुमने उसे देखते कहा था–अपूर्व!

धृत्य : हाँ-हाँ, स्मरण आ गया। सुखद आश्चर्य। कितनी खुशी हो रही है यह जानकर कि सुआ की मित्रता अब फूलों से हो गई है। देखो, वनदेवियाँ उसे कितना मानती हैं! उनमें कई तो उसकी सखियाँ हैं।

मात्या : सो तो ठीक है, परन्तु...।

धृत्य : परन्तु क्या?

मात्या : वे संन्यासी पुरोहितों से मिली होती हैं और संन्यासी पुरोहित हमें चुन-चुन कर मारते हैं।

धृत्य : यह तुम्हारी गलत धारणा है। संन्यासी पुरोहितों से वनदेवियों का कोई सम्बन्ध नहीं है। विश्वास करो, वे हमारा अहित नहीं चाहतीं।

मात्या : विश्वास कैसे करूँ? विश्वास करने से कितने छले गए हैं हम!

धृत्य : विश्वास करनेवाला व्यक्ति हमेशा बड़ा होता है मात्या।

मात्या : मेरा विश्वास डोल रहा है धृत्य। सुआ अभी तक नहीं आई। उसे अब तक आ जाना था। तारों की दुनिया सहित विलुप्त है चन्द्रमा। घने अरण्य में स्वतःस्फूर्त प्रज्वलित होनेवाली अगिन का आलोक भी नहीं दिख रहा है कहीं...।

धृत्य : बाहर बरखा हो रही है। देखो, तनी बाहर...।

मात्या : सुआ को बुलाने के लिए मैं उलु* देती हूँ।

[मात्या उलु ध्वनि करती है।]

धृत्य : तुम कुछ अधिक ही अधीर हो रही हो मात्या।

मात्या : हिया काँप रहा है। इस तरह कभी नहीं काँपा था। इस अन्धकार ने हमारे कितने लोगों को निगल लिया...।

धृत्य : अँधेरा भालू है।

मात्या : और भालू धूर्त होता है।

धृत्य : वह पेड़ पर चढ़ना भी जानता है। धोखे से राहगीर की कमर पीछे से पकड़कर उसे अपनी गोद में बिठा लेता है और फिर अपनी जीभ से आदमी के सिर को चाटने लगता है। चाटते-चाटते बाल साफ कर देता है। फिर दाँत से खोपड़ी का ढक्कन खोलता है और सू-सू करके पूरा खून पी जाता है। सिट्ठी छोड़ देता है...।

मात्या : भालू का मारा हुआ शिकार बाघ नहीं खाता।

धृत्य : बाघ का मारा शिकार बाघिन भी नहीं खाती।

मात्या : परन्तु हैं तो सभी नरभक्षी, संन्यासी पुरोहितों की तरह। उनका हमने क्या बिगाड़ा है, वे हमें क्यों जीने नहीं देना चाहते?

धृत्य : वे हमसे डरते हैं।

---

* उलु देना—मुँह में उँगली डालकर हर्ष और शुभत्व के लिए पैदा की गई ध्वनि। बंगाल में अधिक प्रचलित। वेदसम्मत भी।

मात्या : डरते तो भूत-भूतिन कहकर मारते? एक बार अगिन हमारे हाथ लग जाती!

धृत्य : चुप करो, अगिन का नाम मत लो। जंगल में अगिन पकड़ने के चक्कर में कितने लोग जल गए। सभी ने सोचा कि अगिन को पालकर रखेंगे मगर दह कहाँ मानी पोस? अगिन पकड़ने के चक्कर में शायद तुम्हारी माँ भी...।

मात्या : मेरा बाप मारा गया था। माँ और नानी को संन्यासी पुरोहितों ने मार दिया। तब मैं छोटी थी।

धृत्य : अगिन की बात अब और नहीं। वह हमें भी जला देगी।

मात्या : संन्यासी पुरोहितों को क्यों नहीं जलाती?

धृत्य : लोग उन्हें देवपुत्र कहते हैं।

मात्या : वनदेवियाँ भी हमें यही कहती हैं। क्या वे हमारा उपहास करती हैं?

धृत्य : नहीं, ऐसा नहीं है। वे अगिन पैदा करना जानते हैं। और जो जानता है, वह उसे नियंत्रित करना भी जानता है।

मात्या : हम ऐसा क्यों नहीं कर सकते?

धृत्य : इसी आकांक्षा के कारण हमें संन्यासी पुरोहित मार रहे हैं। तुम्हारी अगिन-चर्चा से सुआ भी अगिन में लेने लगी है रुचि। वह सोचती है जैसे बादलों से बरखा मँगाई जा सकती है उसी तरह संन्यासी पुरोहितों से छीनी जा सकती है अगिन।

[नेपथ्य से उलु की ध्वनि आती है। मात्या भी उलु देती है और इधर-उधर झाँकने लगती है। सुआ दौड़कर आती है और मात्या के सीने से लग जाती है।]

मात्या : कहाँ थी बेटी? तुम्हारे चेहरे पर खरोंच के चिह्न कैसे?

सुआ : जानवर ने पंजा मार दिया था।

मात्या : जहरीले नाखूनवाला जानवर तो नहीं था!

सुआ : कुछ नहीं होगा माँ।

धृत्य : पूरी रात हम जगे हुए हैं...।

[सुआ मात्या की जाँघ पर आँखें बन्दकर लेट जाती है। मात्या थपकी देते हुए गुनगुनाती है।]

पूरब गए बरस आए बदरा
बरस आए पच्छू के बदरा, दक्खिन के बदरा
दक्खिन के बदरा, उत्तर के बदरा...
पूरब गए...

[दरवाजे पर दस्तक होती है। धृत्य उठकर जाता है, किल्ली खोलता है। होम और बेली को देखकर क्षण भर के लिए ठक रह जाता है। उन्हें भीतर लाता है और खुशी से चिल्लाकर मात्या को पुकारता है। मात्या आती है। अचरज भरी दृष्टि से देखती है। फिर धीरे-धीरे सहज होती है और विह्लल होकर बेली को गले लगाती है। सुआ भी हड़बड़ाकर आती है। घेरकर उन दोनों के साथ बैठ जाते हैं सभी।]

मात्या : तुम जीवित हो? विश्वास ही नहीं हो रहा है। हमने सपने में भी नहीं सोचा था कि फिर तुमसे भेंट हो सकेगी।

सुआ : हमने तो कमला की धार में तुम्हारी आत्मा की शान्ति के लिए पत्ते पर दो फूल रखकर तैरा दिए थे। तुम्हारी एक-एक बात का स्मरण हो रहा था। जिस रात घोड़े पर तुम्हें वे उठा ले गए, उस रात शोक में डूबे हम तुम्हारे सतकर्मों की चर्चा करते रहे। माँ कहती थी कि सभी के लिए दौड़नेवाले

मेघ थे तुम। सभी के लिए पहुँचाना चाहते थे जल। सबको हरा-भरा करना चाहते थे।

मात्या : न जाने कितने जन्मों का पुण्य आज फलित हुआ!

धृत्य : तनी देखो, चेहरा कैसा हो गया है! न जाने किस दिशा से, किन परिस्थितियों से निकलकर आ रहे हैं! इन्हें कुछ खिलाओ-पिलाओ। बात करने के लिए दिन पड़ा है।

[मात्या उठकर दूसरे कमरे में जाती है। बेली अपनी गठरी खोलती है। उससे ताड़ की पिपिहिरी निकालती है। फूँककर सुआ को देती है। सुआ सहमी-सहमी पिपिहिरी फूँकती है कि धृत्य चौंककर भागने लगता है। अन्दर से फल की टोकरी लेकर मात्या आती है। मात्या भौचक होकर पिपिहिरी सुनती है। मात्या भी पिपिहिरी फूँकती है मगर पिपिहिरी बज नहीं पाती। वह उदास हो जाती। सुआ घर में एक जगह पिपिहिरी खोंस देती है।]

धृत्य : हाँ, उसे सुस्ता लेने दो। वह भी थक गई होगी।

सुआ : यह पिपिहिरी तुम्हें कहाँ मिली?

होम : उत्तर द्वीप के कुलांगारों के यहाँ। वही हमें उठा ले गए थे। वहाँ एक गूँगे ने हमें यह पिपिहिरी दी।

मात्या : गूँगे ने?

बेली : पहले वह गूँगा नहीं था। वह हमारी ही तरह था। उसे भी कुलांगार हमारी तरह कहीं से उठाकर ले आए थे। वह इस पिपिहिरी से बहुत सुरीली आवाज़ निकालता था। वह बजाता था कि कुलांगार की स्त्री बिस्तर से दौड़कर उसके पास चली आती थी। घंटों खड़ी होकर उसे सुनती रहती थी। एक दिन

कुलांगार ने देखा कि आपे से बाहर हो गया। उसने हलक में हाथ डालकर उसकी जीभ बाहर खींच ली और काटकर स्त्री की हथेली पर रख दिया। बोला—तुझे बहुत पसन्द है न, ले...

[कुछ देर सन्नाटा।]

सुआ : कुलांगार क्या उतने ही क्रूर होते हैं जितने कि संन्यासी पुरोहित?

होम : हाँ उतने ही। अन्तर इतना है कि संन्यासी पुरोहित देखते ही मार देते हैं और कुलांगार आहिस्ते-आहिस्ते मारते हैं।

बेली : नरभक्षी हैं।

होम : वे आदमी को पेड़ से बाँध देते हैं और छिप जाते हैं। थोड़ी देर में जानवर हुँकारते हुए आते हैं और उस बँधे आदमी पर टूट पड़ते हैं। तनिक देर में चट कर जाते हैं।

सुआ : तुमने उन जानवरों को देखा है?

होम : नहीं, वहाँ के लोगों से सुना है।

बेली : छोटा कुलांगार एक दिन मेरे पास आया। कहा कि तुम जिस दिन पेड़ों से बाँधी जाओगी, और जो जानवर तुम्हें अपने उदर में लेगा उसी जानवर का मांस मैं खाऊँगा। दूसरे को हाथ नहीं लगाने दूँगा। मैं तुम्हें प्यार जो करता हूँ। जब वह अपनी छोटी-छोटी आँखों को गोल-गोल नचाते यह कह रहा था तो मैं भय से काँप गई।

मात्या : छिः।

सुआ : छिः क्या करती है, वह भी एक तरह के जानवर हैं।

मात्या : ऐसा जानवर! छिः!

सुआ : उसके पास अगिन है? आलोक है?

होम : नहीं!

सुआ : तब भय कैसा?

मात्या : तुम भागे कैसे?

बेली : उसी गूँगे ने मदद की...।

[दो वनदेवियाँ आती हैं।]

वनदेवी : *(बेली की ओर देखकर)* तुम्हारी मुक्ति का वाद्य है वह पिपिहिरी। जतन से रखना।

[सुआ वनदेवियों के पैर पड़ती है। धृत्य, मात्या अभिवादन करते हैं। सुआ चहककर आकाश में जाते हुए बादलों को दिखाती है और गुनगुनाते हुए गाने लगती है। उसके साथ वनदेवियाँ भी गाती हैं।]

पूरब गए बरस आए बदरा
बरस आए पच्छू के बदरा, दक्खिन के बदरा
दक्खिन के बदरा, उत्तर के बदरा
हमरे बदरा से बदरा, बदल लेहु बदरा
उत्तर के बदरा, पच्छू के बदरा...
निखार गए बदरा
सँवार गए बदरा
पूरब के बदरा, उत्तर के बदरा
दक्षिण के बदरा, पच्छू के बदरा
जुड़ाय गए बदरा,
हँसाय गए बदरा,
पंछी बना के उड़ाय गए बदरा
उत्तर के बदरा, पूरब के बदरा
पूरब के बदरा, पूरब के बदरा।

[धीरे-धीरे रोशनी विलुप्त हो जाती है।]

दूसरा अंक

दृश्य : 1

[सन्ध्या का समय। आश्रम का दृश्य उभरता है। दो संन्यासी प्रहरी प्रवेश द्वार पर खड़े हैं। रोशनी उन पर केन्द्रित होती है। आश्रम के भीतर से मंत्रोच्चार सुनाई पड़ता है।]

अग्ने त्वं सुजागृहि वय समन्दिषीमहि
रक्षणे अप्रयुच्छन्प्रबुधे नः पुनस्कृधि
अग्ने व्रतपते व्रतं चरिष्यामि तच्छकेयं तन्मे राध्याम्।
इदमहमनृतात्सत्वमुपैमि॥

[मंत्रोच्चार सुनाई पड़ना बन्द होता है। संन्यासी प्रहरियों की बात शुरू होती है।]

संन्यासी प्रहरी-2 : वृद्ध संन्यासी पुरोहित मौन तोड़कर जोर-जोर से मंत्रोच्चार करने लगते हैं। क्या है इसका मर्म?

संन्यासी प्रहरी-1 : मन जब भटकने लगता है तो उसको लगाम लगाने के लिए जोर-जोर से मंत्रोच्चार करते हैं। मन भागता है और उसको पकड़ने के लिए उसके पीछे उनका संन्यास भाव भागता है। कभी-कभी मन के पीछे भागते-भागते संन्यास भाव उसका दास हो जाता है।

संन्यासी प्रहरी-2 : जैसे हम लोग संन्यासी पुरोहितों के दास हैं?

संन्यासी प्रहरी-1 : दास नहीं गण।

संन्यासी प्रहरी-2 : दास कहिए या गण, हैं तो अपने गणपतियों के दूत ही न!

संन्यासी प्रहरी-1 : दूत और भूत में बहुत अन्तर नहीं है। दूत उसका परिष्कृत रूप है।

संन्यासी प्रहरी-2 : सुनने में आता है कि संन्यासी पुरोहित अरण्य, संन्यासी पुरोहित सत्यमुख भी पहले भूत थे।

संन्यासी प्रहरी-1 : हिंसक भूत नहीं थे। प्रतिभा-सम्पन्न भूत थे।

संन्यासी प्रहरी-2 : मुझे तो यह भी पता चला है कि बरसों पूर्व एक रात वृद्ध संन्यासी पुरोहित किसी घने अरण्य से आ रहे थे कि पथ में दो भूत दृष्टिगोचर हुए। वृद्ध संन्यासी पुरोहित से उन्होंने आगे का पथ पूछा और बात करने लगे। बातों के क्रम में झट से उन दोनों की शिखा वृद्ध संन्यासी पुरोहित ने काटकर अपनी टेंट में रख ली कि वे दोनों भूत उनके पीछे-पीछे चलने लगे। अब क्या था, वे हो गए दास। जो वृद्ध संन्यासी पुरोहित कहते वे दोनों पूरा करते। वृद्ध संन्यासी पुरोहित अपने साथ उन्हें आश्रम में लाए। वे अन्य साधकों की तरह रहने लगे। धीरे-धीरे दोनों में संस्कार डाला गया। बुद्धि और ज्ञान का विकास हुआ। वे अध्येता बने, साधक बने, योद्धा बने और वही आगे चलकर संन्यासी पुरोहित अरण्य, संन्यासी पुरोहित सत्यमुख कहलाए। परन्तु मुझे विश्वास नहीं होता कि मात्र शिखा कटने से वृद्ध संन्यासी पुरोहित के वे दास...।

संन्यासी प्रहरी-1 : परमज्ञानियों के मुख से सुना है कि शिखा में कुल की मर्यादा का वास होता है। वे उसे वापस लेने के लिए वृद्ध संन्यासी पुरोहित के दास बने थे।

संन्यासी प्रहरी-2 : अन्ततः वापस नहीं न ले जा पाए कुल की मर्यादा?

संन्यासी प्रहरी-1 : संगत ने संस्कार बदला और जब बदला तो शिखा की स्मृति का लोप हो गया।

संन्यासी प्रहरी-2 : क्या उन्हें एक क्षण के लिए भी यह आभास नहीं हुआ कि हम कौन हैं?

संन्यासी प्रहरी-1 : क्या तुम्हें आभास है?

संन्यासी प्रहरी-2 : क्या हम भी भूत हैं? हमारी भी शिखा वृद्ध संन्यासी पुरोहित ने काट ली है? क्या हमारी भी स्मृति का लोप हो गया है?

संन्यासी प्रहरी-1 : इस सम्बन्ध में कुछ नहीं कह सकता। ध्यान धरता हूँ तो मन भागने लगता है।

संन्यासी प्रहरी-2 : वृद्ध संन्यासी पुरोहित की तरह?

संन्यासी प्रहरी-1 : नहीं, अपनी तरह। मन चित्त को स्थिर नहीं रहने देता। नहीं बनने देता सम्पूर्ण छवि। हजारों छवियाँ टुकड़ों में गुजरती हैं। कभी-कभी लगता है कि वह जो गुजर गया कुछ देर पूर्व, वह अपना-सा लग रहा था, एक बार और दिख जाए तो उस छवि से मिलाकर देखूँ जो पहले से मन में है...।

संन्यासी प्रहरी-2 : मेरे मन में ऐसा कुछ भी नहीं होता। वह इतना भोला है कि जिस काम में जहाँ लगाता हूँ, वह उसी में रम जाता है। कभी भागता नहीं।

संन्यासी प्रहरी-1 : तुम श्रेष्ठ संन्यासी प्रहरी हो।

संन्यासी प्रहरी-2 : और?

संन्यासी प्रहरी-1 : स्थितप्रज्ञ।

संन्यासी प्रहरी-2 : और बोलिए। अच्छा लग रहा है सुनने में। आगे बोलिए...।

संन्यासी प्रहरी-1 : आगे और कहने की सामर्थ्य मुझमें नहीं। मैं एक साधारण संन्यासी प्रहरी हूँ बस।

संन्यासी प्रहरी-2 : वृद्ध संन्यासी पुरोहित के बारे में लोग बताते हैं कि पहले वह भी संन्यासी प्रहरी थे।

[नेपथ्य से मारो-मारो की आवाज़ आती है। एक आवाज़ स्पष्टता से आती है, "महा के पास ले चलो।" संन्यासी प्रहरीगण चहल-कदमी तेज कर देते हैं।]

संन्यासी प्रहरी-2 : लगता है कोई जंगली जानवर पकड़ा गया।

संन्यासी प्रहरी-1 : नहीं, जानवर नहीं, कोई कुलांगार होगा।

[भीड़ की आवाज़ों के बीच एक आवाज़ अलग से सुनाई पड़ती है, "संन्यासी पुरोहितों को मारने की नीयत से आया था। छोड़ना मत।"]

संन्यासी प्रहरी-2 : हाँ, वह कुलांगार ही है। उसे महा के पास ले जाया जा रहा है।

संन्यासी प्रहरी-1 : उसकी मृत्यु यहाँ उसे ले आई।

संन्यासी प्रहरी-2 : कल तक वह व्यक्ति भी संन्यासी पुरोहित था। आश्रम की विद्वत्-मंडली का सदस्य। आज कैसे कुलांगार हो गया...?

संन्यासी प्रहरी-1 : मन भटक गया। भटकते-भटकते प्रेतों के बीच चला गया होगा। चलता गया होगा। हठात् उसे लगा होगा कि मैं कहीं और चला आया हूँ, अब लौटना चाहिए। लौटने का प्रयास उसने किया होगा परन्तु पथ नहीं मिला होगा। ऐसा मुझे लगता है।

संन्यासी प्रहरी-2 : क्या पथ कभी मिल सकता है?

संन्यासी प्रहरी-1 : क्यों नहीं।

संन्यासी प्रहरी-2 : मन भटके नहीं इसका क्या उपाय है?

संन्यासी प्रहरी-1 : यह जिज्ञासा क्यों? तुम्हारा मन तो कभी भटकता ही नहीं...।

संन्यासी प्रहरी-2 : भटकता तो नहीं परन्तु कभी-कभी...।

संन्यासी प्रहरी-1 : *(मुस्कुराते हुए)* भागता है...।

[आश्रम के भीतर से मंत्रोच्चारण का स्वर आने लगता है। दोनों संन्यासी प्रहरियों की बातों का क्रम टूटता है।]

अग्ने व्रतपते व्रंत चरिष्यामि तच्छकेयं तन्मे राध्याम्।
इदममहनृतात्सत्यमुपैमि

[रोशनी धीरे-धीरे विलुप्त हो जाती है।]

दृश्य : 2

[रोशनी उभरती, फैलती है। मंच की दाईं-बाईं ओर जुगनू पकड़ने का खेल वनदेवियाँ खेल रही हैं। उनके साथ सुआ भी है।]

वनदेवी-1 : *(सुआ से मुखातिब होकर)* मैंने इतने जुगनू पकड़े, तुमने?

सुआ : एक पकड़ती हूँ तो दूसरा उड़ जाता है। इस बार मुट्ठी कस कर बन्द कर लूँगी।

वनदेवी-2 : ऐसा कदापि मत करना। उसकी साँस रुक जाएगी। जीवन धूमिल पड़ जाएगा।

वनदेवी-1 : मैं तो इसकी माला बनाकर गले में धारण कर लूँगी, फिर देखना...।

सुआ : मैं भी।

वनदेवी : मैंने जितने पकड़े थे, वे सभी सो गए *(मुट्ठी में देखकर)* नहीं-नहीं, जग रहे हैं।
अरे-अरे...लो उड़ गए...।

सुआ : क्या जन्म से ही आलोक जुगनुओं के साथ है?

[वनदेवियाँ कोई उत्तर नहीं देतीं।]

सुआ : क्या आलोक के साथ हुआ है इनका जन्म?

वनदेवी-1 : नहीं, जन्म से नहीं...। अब जन्म से भी कह सकती हो।

सुआ : मैं समझी नहीं?

वनदेवी-2 : वनस्पतियों की झाड़ियों में रहनेवाले इन जुगनुओं की गुनगुनाहट कभी सुनी हो? समवेत स्वर में वे गुनगुनाते हैं। रात की निचलाई में रातरानी और बेला की गन्ध जब इन्हें मिलती है कि और तरन्नुम में आ जाते हैं। सदियों पूर्व एक रात ऐसे ही वे गुनगुना रहे थे कि भौंरे भी उनके स्वर में स्वर मिलाकर गुनगुनाने लगे। सन्नाटा यह सुनकर हिल गया। उसने सोचा कि ये बेढंगे यदि सुर में आ गए तो फिर मेरे अस्तित्व का क्या होगा? अँधेरे का क्या होगा? अँधेरे से सन्नाटे ने जाकर आनेवाले खतरों की चर्चा की कि अँधेरा जुगनुओं के दुस्साहस पर बौखला गया। वह जुगनुओं को मारने लगा। इधर-उधर वे प्राण बचाकर भागने लगे। लेकिन कहाँ भागते, चहुँओर अँधेरे का ही साम्राज्य था।

वनदेवी-1 : वे धीरे-धीरे गुनगुनाना भूल गए। उड़ना भूल गए। जहाँ रहते, वहीं चुपचाप पड़े रहते।

सुआ : क्या उनके पंखों में उड़ने की ताकत नहीं थी?

[वनदेवियों का कोई उत्तर नहीं।]

सुआ : वे अपनी गुनगुनाहट क्यों भूल गए? क्या उनके कंठ रुँध गए थे?

वनदेवी-2 : नहीं।

सुआ : फिर?

वनदेवी-1 : अँधेरे ने मन का उत्साह और स्वप्न छीन लिया था।

सुआ : कैसे?

वनदेवी-2 : अँधेरे से वह डरते थे।

वनदेवी-1 : जितना वे डरते थे, अँधेरा उन्हें उतना डराता था।

सुआ : सभी डरते थे?

वनदेवी-2 : नहीं, उनमें एक था जो अपने भीतर साहस जुगा रखे था...।

वनदेवी-1 : वही एक दिन झाड़ियों से निकला। अँधेरे से निकला। दूसरे अँधेरे से निकला, तीसरे अँधेरे से निकला। इसी तरह, एक-एक अँधेरे से निकलते-निकलते ऊपर उठा, उठता गया और तारों तक जा पहुँचा।

वनदेवी-2 : तारों ने उसके स्वागत में तालियाँ बजाईं और उसे अपने आलिंगन में लिया।

वनदेवी-1 : आलिंगन में लिया और अपनी आभा उसे प्रदान कर दी। वह जगमग-जगमग करने लगा।

वनदेवी-2 : वह जुगनू, फिर पृथ्वी पर आया और उसने अपने लोगों को आलिंगन में लिया कि वे भी जगमग-जगमग करने लगे।

वनदेवी-1 : देखा न, जुगनू अपने आलोक से कैसे होते रहते हैं आलोकित!

सुआ : आलोक...।

[मात्या आती है। सुआ की बात उसके कानों में पड़ती है।]

मात्या : *(सुआ से मुख़ातिब होते हुए)* मैं तुम्हारे हाथ जोड़ती हूँ सुआ, चुप हो जा। अब और आलोक की चर्चा नहीं। संन्यासी पुरोहित हमें मार डालेंगे। हम उस बूढ़े पंछी की तरह हैं जो अपने नवजात को लेकर दस कदम भी नहीं उड़ सकता। हम थक गए हैं भागते-भागते।

हमें अपनों का शोक बहुत मिला है अब और शोक नहीं। नहीं कर सकते सहन। बिसर गई तुम भाई की मुखाकृति। भाई चीत्कार करता रहा, हम विलाप करने के सिवाय कुछ न कर सके। अँधेरे ने हमें बढ़ने नहीं दिया। वह चीरकर खा गया उसे। इसी तरह कितने अपनों को...। संन्यासी पुरोहितों से हम लड़ नहीं सकते।

सुआ : हमें वे इसी तरह मारते रहेंगे क्या? क्या अन्धकार में इसी तरह रहेंगे जीवन भर? हमें अगिन नहीं मिलेगी? आलोक नहीं मिलेगा?

मात्या : चुप कर, हमें कुछ नहीं चाहिए। अपना आलोक तो तू है।

वनदेवी-1 : *(जोर से चिल्लाकर)* संन्यासी सैनिकों के घोड़े की टाप सुनाई पड़ रही है। अन्दर चलो, गुफा में, जल्दी करो।

[सुआ वनदेवियों के साथ नेपथ्य में चली जाती है। मंच पर दो संन्यासी सैनिक हाँफते हुए आते हैं और सुस्ताने के लिए बैठ जाते हैं, आस-पास का प्रकाश उन पर पड़ता है।]

संन्यासी सैनिक-1 : मैंने दस भूत मारे, तुमने कितने?

संन्यासी सैनिक-2 : दो। वह भी उस समय जब वे भोजन कर रहे थे।

संन्यासी सैनिक-1 : भोजन करते समय मारना उचित नहीं था।

संन्यासी सैनिक-2 : संन्यासी महापुरोहित कहते हैं कि इस तरह का आखेट श्रेष्ठ आखेट कहलाता है। दो को खाते समय मारो, सौ मारने का फल मिलेगा।

संन्यासी सैनिक-1 : संन्यासी महापुरोहित जब सुनेंगे तो निश्चय ही प्रसन्न होंगे।

संन्यासी सैनिक-2 : हाँ, हम उनकी प्रसन्नता के लिए ही किसी को मारते हैं।

संन्यासी सैनिक-1 : हमें पता भी नहीं होता कि हम क्यों मार रहे हैं!

संन्यासी सैनिक-2 : होना भी नहीं चाहिए। हम संन्यासी सैनिक जो ठहरे!

संन्यासी सैनिक-1 : इस बार संन्यासी सत्यमुख के स्थान पर गणपति के पद पर संन्यासी पुरोहित अरण्य विराजमान हैं। मैं उनसे निवेदन करूँगा कि मुझे अपने प्रवेश द्वार पर संन्यासी प्रहरी के रूप में नियुक्त कर लें। हम धन्य हो जाएँगे। अच्छे और स्वादिष्ट भोजन जेवने को मिलेंगे। फल मिलेंगे एक से एक। स्वर्गिक आनन्द देनेवाली फूलों की सुगन्ध मिलेगी। नींद में जब होंगे, तो वह नहीं होंगे जो नींद में जाने के पूर्व थे। हम द्रष्टा हो जाएँगे। स्रष्टा की आँखों पर होगी हमारी आँखें। तब संन्यासी महापुरोहित चातक की तरह हमारे सन्मुख खड़े होंगे।

संन्यासी सैनिक-2 : अच्छा बताओ, क्या यह सत्य है कि संन्यासी पुरोहित सुभंग ने आत्महत्या इसलिए कर ली थी कि वह माँ अग्नि को आहुति देना भूल गया था। माँ अग्नि दो साँझ उपास थीं?

संन्यासी सैनिक-1 : मुझे तो कुछ और ही ज्ञात है।

संन्यासी सैनिक-2 : तात्पर्य यह कि मिथ्या है जो मैंने सुना।

संन्यासी सैनिक-1 : क्या मिथ्या है, क्या नहीं, इस संकट में कृपया मुझे मत डालें।

संन्यासी सैनिक-2 : भरोसा रखें। निःसंकोच आप मुझसे कह सकते हैं। मैं आपका धर्म-मित्र हूँ।

संन्यासी सैनिक-1 : गोपनीयता भंग हो जाएगी। पाप चढ़ेगा सिर पर। क्षमा करें।

संन्यासी सैनिक-2 : धर्म के मित्र के सम्मुख कुछ भी गोपनीय नहीं रखना चाहिए। नीति शास्त्र भी यही कहता है। मित्र, मित्र के सम्मुख नहीं व्यक्त होगा, तो कहाँ व्यक्त होगा?

संन्यासी सैनिक-1 : मैं कैसे बताऊँ मित्र, उस घटना को याद करके आज भी रोंगटे खड़े हो जाते हैं। वह अँधेरी बारिश वाली रात थी। मैं संन्यासी पुरोहित सुभंग के साधनालोक में तैनात था। बिजली के कड़कने की आवाज़ रह-रहकर आ रही थी। वह तूफानी रात थी...। मैं सुरक्षा की दृष्टि से खिड़कियाँ-दरवाजे देखने के लिए कक्ष के बाहर चक्कर लगाने लगा कि तभी कक्ष के अन्दर से झन्न की आवाज़ हुई। मैं चौंका और कानपात कर अनकने लगा। तनिक भर में पायल बजने की आवाज़ रुनझुन...रुनझुन आने लगी। यह कैसे हो सकता है! संन्यासी स्थल पर! नहीं, नहीं... मेरे कान को ही धोखा हो रहा है। यह सोचकर मैंने खिड़की के फोफर से भीतर झाँककर देखा...। और देखा कि अवाक् रह गया।

संन्यासी सैनिक-2 : क्या देखा मित्र?

संन्यासी सैनिक-1 : रहने दो मित्र। सुनते हुए अच्छा नहीं लगेगा।

संन्यासी सैनिक-2 : इसमें अच्छा-बुरा क्या है! तुम तो सिर्फ अतीत से परदा हटा रहे हो। सत्य का मुख कर रहे हो उज्वल।

संन्यासी सैनिक-1 : मैंने देखा कि कक्ष में...।

[फ्लैश बैक उभरता है।]

[कक्ष के भीतर ऊँचे आसन पर बिछे मृगछाल पर साखा बैठी अपने जूड़े में बेली के गजरे गूँथ रही है। नीचे मोढ़े पर संन्यासी पुरोहित सुभंग मुग्ध नेत्रों से साखा को निहार रहे हैं।]

साखा : क्या देख रहे हो युवा संन्यासी पुरोहित?

संन्यासी पुरोहित सुभंग : खोज रहा हूँ।

साखा : क्या खोज रहे हो?

संन्यासी पुरोहित सुभंग : अपने को। मैं तुममें हेरा गया हूँ साखा। मुझे मेरे को वापस कर दो।

[साखा हँसती है।]

संन्यासी पुरोहित सुभंग : विश्वास करो, तुमसे मिलने के पूर्व कभी ऐसा नहीं हुआ था। ध्यान में भी तुम उपस्थित हो जाती हो। बरबस मेरे हाथ शंख पर चले जाते हैं। मैं शंख को अपनी हथेलियों से पकड़कर बजाने के बजाय उसे चूमने लगता हूँ। जानती हो शंख क्या महसूस होता है तब?

[साखा खिलखिलाकर हँसती है।]

संन्यासी पुरोहित सुभंग : तुम हँस रही हो?

साखा : तुमने कहा था कि वनसुन्दरी के बुनकीवाले सफेद, नीले, लाल फूलों की अंगिका मुझे बहुत प्रिय है। देखो, मैं आज वही पहिनकर आई हूँ। देखो, अच्छी लग रही है न?

संन्यासी पुरोहित सुभंग : बस करो, अब और सहन नहीं होता। जी करता है कि तुम्हारे साथ इसी पल, अभी यहाँ से भाग चलूँ।

साखा : तो भाग क्यों नहीं चलते?

संन्यासी पुरोहित सुभंग : नहीं भाग सकता। संन्यास धर्म के साथ न्याय नहीं होगा।

साखा : क्या तुम संन्यास धर्म के साथ न्याय कर रहे हो?

संन्यासी पुरोहित सुभंग : न्याय करने की मैंने कोशिश नहीं की, ऐसा तुम नहीं कह सकती। परन्तु हो नहीं पा रहा है अब। तुम्हें क्षण भर के लिए बिसार नहीं पाता। यह मुख-मंडल, यह देह-यष्टि, एड़ियों से बजते ये नूपुर, गहरी आँखें और सुर्ख होंठ...रह-रहकर मेरी ऋचाओं को उलट-पलटकर मुझे लेकर नाचने लगते हैं। तुमसे हाथ जोड़कर प्रार्थना करता हूँ, साखा, मुझे तुम इस तरह मत सताया करो। मैं कमजोर होता जा रहा हूँ...।

साखा : मुझे क्या करना होगा प्रियवर संन्यासी युवा पुरोहित?

संन्यासी पुरोहित सुभंग : मैं तुम्हें भूलना चाहता हूँ। जब-जब भूलने की कोशिश करता हूँ कि तुम आ धमकती हो। आ धमकती हो न!...

[साखा हँसती है कि तभी दरवाजे पर दस्तक पड़ती है।]

[संन्यासी पुरोहित सुभंग साखा को जाने का इशारा करते हैं। साखा पीछे के रास्ते से निकल जाती है। संन्यासी पुरोहित सुभंग दरवाजा खोलते हैं। चीख उठती है।]

[फ्लैश बैक टूटता है।]

संन्यासी सैनिक-1 : मालूम है कि वह चीख किसकी थी? वह संन्यासी पुरोहित सुभंग की चीख थी। वह

आगन्तुक कौन था? मालूम है? वह आगन्तुक संन्यासी महापुरोहित थे। कपाट की ओट से लगता है कि दोनों की वार्ता वे सुन रहे थे और जब असहनीय हो गया तो...।

संन्यासी सैनिक-2 : तुम्हारे कहने का तात्पर्य यह निकला कि...।

संन्यासी सैनिक-1 : संन्यासी महापुरोहित ने संन्यासी पुरोहित सुभंग की हत्या की।

संन्यासी सैनिक-2 : आश्चर्य है कि आश्रम में यह किसी और को ज्ञात नहीं। और जिन्हें होगा भी वे साहसी नहीं हैं, मित्र!

संन्यासी सैनिक-1 : ईश्वर जानता है कि मैं यह कहना नहीं चाहता था। ईश्वर के यहाँ से मैं निर्दोष हूँ।

संन्यासी सैनिक-2 : परन्तु संन्यासी महापुरोहित ईश्वर नहीं हैं। यदि उन्हें पता लग गया कि...।

संन्यासी सैनिक-1 : *(गिड़गिड़ाते हुए)* मित्र, ऐसा मत कहो। मैं तुम्हारे पाँव पड़ता हूँ। क्षमा करो मुझे...मैं...क्या हो गया था मुझको...मुझे ऐसा नहीं करना था... क्या कह दिया...नहीं, नहीं सब मिट्टी कीजिए मित्र। कान पकड़ता हूँ...गोड़ धरता हूँ।

[नेपथ्य से सियारों के बोलने की आवाज़ आती है।]

संन्यासी सैनिक-1 : चलो, चलो देर हो गई। हम बहुत पीछे रह गए।

[दोनों उठते हैं और धीरे-धीरे रोशनी विलुप्त हो जाती है।]

दृश्य : 3

[रोशनी आती है। पत्थर के टीले पर कुलांगार अकेला बैठा हँस रहा है मन ही मन।]

कुलांगार : *(अपने आपसे)* अन्ततः हार गई न मुझसे। चली थी बराबरी करने...हुँह...।

[नेपथ्य से कोयल के कुहुकने की आवाज़ आती है।]

कुलांगार : फिर शुरू हो गई। तू नहीं मानेगी...

[कुलांगार कोयल की नकल उतारने लगता है। कोयल कुहकना बन्द कर देती है। कुलांगार फिर भी एक-दो बार कू...कू...करता है। कोयल का उत्तर न पाकर हँसने लगता है।]

कुलांगार : बोल और बोल। दिखा अपना जोर...कू...कू...कू।

[साखा आती है।]

साखा : इस निर्जन में कू-कू करके किसको बुला रहे हैं?

कुलांगार : बुला नहीं रहा हूँ बल्कि अक्ल ठिकाने लगा रहा हूँ। मुझसे चली थी स्पर्धा करने। उसे नहीं मालूम कि मैं किस तत्व का बना हूँ।

साखा : किस पर इतना क्रोध कर रहे हैं? किस पर मँडरा रहा है काल?

कुलांगार : वह समझ गई।

साखा : कौन?

कुलांगार : कलूटी कोयल थी जंगल की। देर से कू-कू की रट लगाए हुए थी। उसे पता नहीं कि मुझे उसकी बोली अच्छी नहीं लगती। एक बार डाँटा, नहीं मानी, और जब मैदान में उतर गया तो भाग खड़ी हुई।

साखा : वह समझ गई किसी हीनार्थ से पाला पड़ गया है।

कुलांगार : मैं तुम्हें हीनार्थ लगता हूँ?

साखा : यह मैं नहीं कह रही हूँ। कोयल ऐसा समझ रही होगी, ऐसा अनुमान है।

कुलांगार : वह मुझे श्रेष्ठ क्यों नहीं समझ रही होगी!

साखा : यह आपका भ्रम भी हो सकता है, मलंगपुत्र।

कुलांगार : तो अब मैं मलंगपुत्र हो गया!

साखा : संन्यासी पुरोहित तो रहे नहीं तो क्या कहकर सम्बोधित करूँ।

कुलांगार : कुलांगार—श्रेष्ठ कह सकती हो।

साखा : इस सम्बोधन से बचती थी। सोचती थी, पता नहीं कैसा लगेगा आपको।

कुलांगार : मुझे बुरा क्यों लगेगा। इस सम्बोधन में अपने निजत्व का बोध होता है। अपने पौरुष का भी।

साखा : आपके साथ संकट यह है कि आपको जो चीज अभी अच्छी लगती है, वह चीज क्षण भर बाद बुरी लगने लगती है। व्यवहार पल-प्रतिपल बदलता रहता है।

कुलांगार : *(खी-खी हँसते हुए)* यही तो अपनी माया है।

साखा : आप माया के अधीन हैं?

कुलांगार : अधीन नहीं, प्यार करता हूँ।

साखा : आप प्यार भी कर सकते हैं, यह जानकर आश्चर्य हो रहा है।

कुलांगार : आश्चर्य क्यों? तुम कहना जो चाहती हो, मैं अच्छी तरह समझता हूँ। एक बात ध्यान रहे साखा कि आज मैं इतना मजबूत हूँ कि किसी को अपने चरणों पर झुका सकता हूँ।

साखा : संन्यासी पुरोहितों को भी?

कुलांगार : एक दिन उन पर भी हमारा आधिपत्य होगा। हम बराबर उन पर आक्रमण कर रहे हैं। उन्हें तोड़ने की चालें चल रहे हैं। क्या तुम्हें दिखाई नहीं देता?

साखा : अभी तो कुलांगार ही मारे जा रहे हैं। मैंने आज तक नहीं सुना कि किसी कुलांगार ने किसी संन्यासी पुरोहित को मारा हो।

कुलांगार : मर्यादा में रहो साखा...बहिन लगती हो...।

साखा : यह तो संन्यासी पुरोहितों की शब्दावली है।

कुलांगार : उनसे किस अर्थ में मेरी क्षमता कम है?

[साखा हँसती है।]

कुलांगार : मेरी बातों पर हँस रही हो?

साखा : तुम्हारी माया पर हँस रही हूँ।

[कोयल को पंजे में दबोचे अनंग लँगड़ाते हुए आता है।]

अनंग : *(कुलांगार को कोयल थम्हाते हुए)* यह लो विधाता। दबा दो साली का टेंटुआ। दूर से मैं देख रहा था कि वह देर से आपको चिढ़ा रही थी। उसे नहीं पता था कि हम कितने राड़ हैं।

कुलांगार : *(कोयल को देखकर)* मुझसे शत्रुता...! अक्ल ठिकाने आ गई! निकल गया सनकपन? मुझे चीन्ह

नहीं पा रही थी? एक बार डाँटा तो समझी कि ऐसे ही कोई होगा। हम कोई हैं।

[कोयल का गला दबाकर नीचे फेंक देता है।]

कुलांगार : चली थी मेरी बराबरी करने...।

[नेपथ्य से दूसरी कोयल के कुहकने की आवाज़ आती है। कुलांगार चौंककर इधर-उधर देखने लगता है। साखा ठठाकर हँसती है। प्रकाश धीरे-धीरे लोप होता है।]

दृश्य : 4

[वनदेवी कमला के तट पर बैठी माला गूँथ रही हैं। बीच-बीच में कबूतरों को दाना भी देती रहती हैं। कबूतर वनदेवी के आस-पास दाना चुग रहे हैं। सुआ आती है और पीछे से उनकी आँखों को अपनी हथेलियों से बन्द कर लेती है।]

वनदेवी : सुआ तुम हो। देखो, पहचान गई न!

सुआ : *(हथेलियों को हटाते हुए)* कैसे पहचाना?

वनदेवी : परिचित स्पर्श को अन्तरमन पहचान लेता है। इसके लिए न तो आलोक की आवश्यकता पड़ती है और न ही वाणी की।

सुआ : रह-रहकर कहाँ गायब हो जाती हैं दीदी?

वनदेवी : आस-पास में ही कहीं रही होगी।

सुआ : वनदेवी माया बता रही थी कि जो पथिक अपना पथ भटक जाते हैं, उन्हें उनके गन्तव्य तक आप पहुँचा दिया करती हैं। इसके लिए कोई-कोई उपहार भी आपको देना चाहता है। कौन-सा उपहार लोग देते हैं?

वनदेवी : अनुपम उपहार।

सुआ : एक बार दिखाएँगी नहीं दीदी!

वनदेवी : उसका कोई स्वरूप नहीं है। वह श्राव्य है।

सुआ : श्राव्य?

वनदेवी : हाँ, श्राव्य! जो श्राव्य होता है, कभी मिटता नहीं। स्वरूप तो मिट जाता है। आज मिटे...कि कल

मिटे...। मिटना ही उसकी नियति है।

सुआ : मैं कुछ समझी नहीं।

वनदेवी : तमसा के तट को तुम देख रही हो?

सुआ : हाँ, देख रही हूँ।

वनदेवी : बड़ी वनदेवियाँ बताती हैं कि तमसा के तट पर उनचास पवन का जन्म हुआ था। एक-एक पवन यहीं बड़े हुए। कुछ नाविक के बच्चे उनके सखा थे। उनसे ऐसी मिताई हुई कि जब अपनी माँ के साथ उनचासों पवन जाने लगे तो वे भी उनके साथ हो गए। जब साँझ हुई बच्चे अपने घर नहीं पहुँचे तब नाविक अपनी पत्नी के साथ उन्हें खोजने लगे। दूर-दूर तक खोजा। जंगल, पहाड़, नदी, समुद्र सब जगह खोजा। कहीं पता नहीं चला। रोते-बिलखते रहे। एक दिन यह सोचकर सबुर कर लिया कि वे कहीं मर-खप गए होंगे। उन्हें क्या पता कि उनके बच्चे उनचासों पवन के साथ हैं। वनदेवियाँ कहती हैं कि बैसाख के महीने में उनचासों पवन तमसा तट पर अपना जन्म-उत्सव मनाने आते हैं। नाविक के बच्चे भी आते हैं। वे अपने घर जाते हैं। परिवार के साथ रहते हैं परन्तु परिवार उन्हें देख नहीं पाता। सुन नहीं पाता। जबकि बच्चे देखते और सुनते हैं। जानती हो नाविक क्यों नहीं अपने बच्चों को देख पाते? क्योंकि बच्चों का कोई स्वरूप नहीं है। वे श्राव्य हैं। उन्हें सिर्फ महसूस किया जा सकता है।

सुआ : सुना नहीं जा सकता है?

वनदेवी : श्रवण के लिए पात्रता चाहिए?

सुआ : कहीं आप यह तो नहीं कह रही हैं कि अगिन के लिए भी पात्रता चाहिए? क्या हम उसके पात्र नहीं

हैं? क्या संन्यासी पुरोहित ही उसके पात्र हैं?

वनदेवी : यह मैंने कब कहा?

[सुआ की पलकें भर आती हैं।]

वनदेवी : *(सुआ के सिर को सहलाते)* रो रही है! अगिन तिरिया कहीं रोती है?

सुआ : अगिन तिरिया...!

वनदेवी : समय आने पर समझेगी इसका अर्थ। और जिस दिन इस सम्बोधन की सार्थकता तू महसूस करेगी कि मैं उसी दिन बात करते-करते हो जाऊँगी अदृश्य।

सुआ : मैं अदृश्य में भी आपको ढूँढ़ लूँगी।

वनदेवी : कैसे ढूँढ़ोगी!

सुआ : क्या आप श्राव्य हो जाएँगी?

वनदेवी : क्या पता! आगम के बारे में क्या पता! समय के रंग के बारे में क्या पता!

सुआ : समय का रंग कैसा होता है?

[वनदेवी कोई उत्तर नहीं देती।]

सुआ : कैसा होता है?

वनदेवी : वर्तमान के रंग का।

सुआ : वर्तमान...!

वनदेवी : जिसमें हम जी रहे हैं। इसी में हमारे अस्तित्व के साथ हमारा श्राव्य है और हमारा सर्वश्रेष्ठ भी। जो अपना सर्वश्रेष्ठ निकालने में सक्षम होता है, उसे ज्ञात हो जाता है समय का रंग।

सुआ : हिहड़ी-पिपड़ी को ज्ञात था न!

वनदेवी : तुम्हें भी ज्ञात हो सकता है।

सुआ : सर्वश्रेष्ठ...।

वनदेवी : तुम्हारे भीतर कैसी जिज्ञासा है! भोले-भाले मन की भोली-भाली जिज्ञासा।

सुआ : जो दृश्य में नहीं है फिर भी जो श्राव्य है उसे मुझे ग्रहण करने की शक्ति और बोलने की वाणी प्रदान कीजिए दीदी।

वनदेवी : कौन श्राव्य है, कौन नहीं है, यह कैसे तय होगा? कौन करेगा निर्णय?

सुआ : आप।

वनदेवी : हर आदमी को अपना निर्णय स्वयं करना पड़ता है।

[ठहराव।]

वनदेवी : हिहड़ी-पिपड़ी का किस्सा याद है न!

[सुआ स्वीकारात्मक सिर हिलाती है।]

सुआ : मैं तो इतना कहती हूँ कि अदृश्य में जाने की बात फिर मत कहिएगा...।

वनदेवी : पगली...तू कितनी भोली है...। तुझे स्मरण है साँझ के झुटपुटे में जुगनुओं से खेलती जब पहली बार तुम मेरी नौका के पास आई थी। तुमने पूछा कि अपनी नौका में बिठाओगी दीदी? मैंने कहा— क्यों नहीं। तुमने कहा कि मेरे साथ जुगनुओं का पूरा कुटुम्ब है। और तुम आकर नौका में बैठ गई। दमकने लगी नौका और दौड़ने लगे जल में रंग...।

सुआ : उस दिन मैं निहाल हो गई जब उड़ते हुए सारस को आपने अपनी नौका में बुलाया था। कैसे भोले-भाले बच्चे की तरह वे आकर खड़े हो गए आपके पास! आपने कुछ खाने को उन्हें दिया। दुलार किया...। कितना अच्छा लग रहा था न!

[सुआ को ढूँढ़ते मात्या आती है। सुआ को देखकर फफक पड़ती है। सुआ मात्या को सँभालती है।]

सुआ : क्या हुआ माँ?

मात्या : जंगल से लकड़ी लाने गई थी। नहीं मिल रही है।

सुआ : कौन? कौन नहीं मिल रही है?

मात्या : बेली।

सुआ : होम कहाँ है?

मात्या : होम खोजकर लौट आया। रो रहा है बैठकर। मैं भी खोजकर आ गई और लोग भी...लगता है कि...।

[सुआ मात्या के मुँह पर अपनी हथेली रख देती है।]

सुआ : *(रुआँसे भाव से)* ऐसा मत कहो माँ...।

[नेपथ्य से होम के सिसकने की आवाज आती है मात्या और बेली दौड़कर नेपथ्य में जाती हैं धीरे-धीरे मंच अन्धकार में डूब जाता है।]

तीसरा अंक

दृश्य : 1

[आश्रम का भव्य दृश्य उभरता है। रोशनी संन्यासी महापुरोहित के कक्ष में केन्द्रित होती है। संन्यासी महापुरोहित चिन्तामग्न होकर कक्ष में टहल रहे हैं। वृद्ध संन्यासी पुरोहित का प्रवेश होता है।]

संन्यासी महापुरोहित : *(आदरपूर्वक)* विराजिए वृद्ध संन्यासी पुरोहित। मैं आपकी ही प्रतीक्षा कर रहा था।

वृद्ध संन्यासी पुरोहित : *(आसन ग्रहण करते हुए)* गणना पूरी हो गई महा। द्वार के मस्तक पर जो प्रतीक अंकित होना है उसकी शुभ घड़ी आ गई है। हम आपकी अनुमति के पथ में खड़े हैं।

संन्यासी महापुरोहित : संन्यासी पुरोहितों के गणपतियों को बरजना होगा निशा जागरण में गान से और जो उन्हें अपने ऋत्विक से दिशा निर्देश मिले, उसे वे आत्मसात् करें। साथ ही धनुर्विद्या का अभ्यास भी जारी रखें। सभी विधाओं में उन्हें दक्ष होना है। दो दिनों के बाद माँ अग्नि का अभिषेक है। उसके लिए चयनित संन्यासी पुरोहित मंडल के समीप घेरा बनाकर शेष संन्यासी पुरोहितों को रहना है, जिससे कि प्रवाहित होने वाले ज्ञान, धर्म, शौर्य, वैराग्य के अमृत को वे भी छककर पी सकें।

वृद्ध संन्यासी पुरोहित : ऐसा ही होगा।

संन्यासी महापुरोहित : कुछ सुझाव आप रखना चाहेंगे?

वृद्ध संन्यासी पुरोहित : माँ अग्नि के अभिषेक के समय बाह्य सुरक्षा पर विशेष ध्यान देना होगा।

संन्यासी महापुरोहित : कुलांगारों को लेकर आप इन दिनों कुछ अधिक ही चिन्तित दिखाई पड़ रहे हैं। क्या बात है?

वृद्ध संन्यासी पुरोहित : चिन्ता उनकी शक्ति को लेकर नहीं और न ही हममें उनसे किसी तरह का भय व्याप्त है। उनके ध्वंस के लिए हमेशा हम सक्षम हैं। चिन्ता है उनकी कुटिलता से, जिसके चकमे में कभी-कभी संन्यासी प्रहरी भी आ जाते हैं।

संन्यासी महापुरोहित : हमें अपने संन्यासी प्रहरियों को सावधान करना होगा और जिन गणपतियों को हटाना होगा, निःसन्देह आप हटा सकते हैं।

वृद्ध संन्यासी पुरोहित : दो कुलांगार कल रात मारे गए।

संन्यासी महापुरोहित : इसके पूर्व भी पचासों कुलांगारों को पकड़कर उनके नाखूनों में खपचियाँ भर दी गईं। कइयों को जिन्दा जला दिया गया फिर भी उनका आतंक कहाँ कम हुआ? कुछ ऐसी रणनीति अपनानी होगी, जिससे कि वे आश्रम की ओर रुख करना ही भूल जाएँ।

वृद्ध संन्यासी पुरोहित : हम प्रयास कर रहे हैं आशा है कि बहुत जल्द परिणाम सामने आ जाएगा।

संन्यासी महापुरोहित : भूत-भूतिन माँ अग्नि पर अपनी दृष्टि टिकाए हुए हैं। यह बात समझ में आ रही है। हम उससे निपट भी रहे हैं। परन्तु कुलांगार क्या चाहते हैं, यह बात आज तक मेरी समझ नहीं आई।

वृद्ध संन्यासी पुरोहित : उनका मानना है कि चिरन्तन सत्य है तिमिर। तिमिर प्रिय है रचयिता को। रचता है अपना श्रेष्ठ तिमिर में वह। सूर्य है उसका रचित आलोक, नहीं अन्य। जो भी प्रतिस्पर्धा में उसके— रचकर आलोक उतारेगा, वह करेगा अपने दिनों को कलंकित। न्योतेगा असमय में अपनी मृत्यु को भी...।

संन्यासी महापुरोहित : भूत-भूतिन की क्या धारणा है?

वृद्ध संन्यासी पुरोहित : नदी, वायु, पुष्पों की महक, वर्षा और धूप—
देते हुए प्रकृति, कहाँ करती है भेद!
कहाँ, किसके लिए बन्द करती है द्वार!
जो भी चराचर हैं पृथ्वी पर
सभी पर समभाव से उड़ेलती है हर्ष के साथ
अपना सर्वस्व।
ऐसा ही उदार भाव जगे उनमें
जिनके हाथों में है आलोक...।

संन्यासी महापुरोहित : वृद्ध संन्यासी पुरोहित! उन अज्ञानियों को कौन कहे कि जब पृथ्वी अपने स्वरूप में आई तो अँधेरा ही अँधेरा था। ऐसे में हमारे ऋषि पुरखों ने तपस्या की। उनमें से कइयों ने अपने प्राणों की आहुति दी। युगों की साधना के उपरान्त माँ अग्नि अवतरित हुईं। आलोकित हो गया पुरखों का मुखमंडल। पुरखों ने अपने युवा ऋषियों को माँ अग्नि को समर्पित किया और युवा ऋषियों ने अपने युवा ऋषियों को। इस तरह युगों को लाँघकर माँ अग्नि हम तक पहुँची हैं। हम उसके तेज को, उसी परम्परा के अनुसार जिलाकर रखे हुए हैं और समय-समय पर माँ अग्नि का आह्वान कर उसकी नई ज्योति,

पुरखों द्वारा प्रदत्त माँ अग्नि की ज्योति में इस तरह मिला देते हैं जैसे आकाश अपने रंग को समुद्र में मिला देता है। यह क्रम अनवरत चलता आ रहा है। माँ अग्नि ने हमें ताप दिया, आलोक दिया, दृष्टि दी, शक्ति दी, पथ दिया, साहस दिया और दिया सम्भावनाओं से भरा जीवन। पृथ्वी पर वास करने वाले प्राणियों में हम ही हैं श्रेष्ठ जन। जिस माँ ने हमें इतनी श्रेष्ठता प्रदान की हो, हम उसे म्लेच्छ हाथों में कैसे जाने देंगे? जब तक पृथ्वी पर एक भी संन्यासी पुरोहित जीवित है, सम्भव नहीं है उसके आलोक को ले जाना। माँ अग्नि की आकांक्षा रखने वाले निकृष्टों को पृथ्वी पर जीने का कोई अधिकार नहीं और जो, माँ अग्नि को तिरोहित करने का दुर्विचार मन में पाले हुए है, उसका भी समूल विनाश करना होगा। अब हमें उन्हें भूत-भूतिनियों की तरह देखते मार देना होगा, जो हम अभी नहीं करते। वृद्ध संन्यासी पुरोहित, जो मैं कह रहा हूँ, कड़ाई से उसका पालन किया जाना चाहिए। जरा सोचिए, यदि माँ अग्नि सार्वजनिक हो गईं तो धर्म का क्या होगा? हमारी सत्ता का क्या होगा? हमसे कौन खाएगा भय? हम कायर कहलाएँगे सो अलग।

वृद्ध संन्यासी पुरोहित : ऐसा कदापि नहीं होगा। उसको क्या अधिक महत्व देना जो हमारे पैरों के नख के समान भी नहीं है। कैसा भय? शुभ ही शुभ होगा।

संन्यासी महापुरोहित : कुलांगारों और भूत-भूतिनियों में आपस में क्या सम्बन्ध है?

वृद्ध संन्यासी पुरोहित : अच्छा नहीं है।

संन्यासी महापुरोहित : क्या कुलांगारों से वे भय खाते हैं?

वृद्ध संन्यासी पुरोहित : अधिकांश भूत-भूतिनियों को भ्रम है कि कुलांगारों के पास माँ अग्नि है।

संन्यासी महापुरोहित : *(हँसते हुए)* अच्छा है।

वृद्ध संन्यासी पुरोहित : इसी भ्रम का लाभ लेकर वे उन्हें धोखे से पकड़कर ले जाते हैं। उनसे काम करवाते हैं और एक दिन मार देते हैं।

संन्यासी महापुरोहित : जिस दिन उन्हें ज्ञात होगा कि उनके पास माँ अग्नि नहीं है उस दिन...?

वृद्ध संन्यासी पुरोहित : एक-दूसरे में मार-काट मच जाएगी।

संन्यासी महापुरोहित : और उनमें जो विजयी होंगे, उन्हें हम मार देंगे। कैसा रहेगा वृद्ध संन्यासी पुरोहित!

वृद्ध संन्यासी पुरोहित : उत्तम।

संन्यासी महापुरोहित : इसका अर्थ कदापि नहीं कि आप निश्चिन्त हो जाएँ। इस बार महोत्सव में अन्य द्वीपों के संन्यासी पुरोहितों की संख्या अधिक होगी, किसी तरह कोई चूक नहीं होनी चाहिए। ऋत्विक, अधिपति, गणपति, अश्वपति, कुलाधिपति, शास्त्रार्थी, त्रिपुंडधारी, खड़गधारी, दन्तधारी, सर्पधारी, वज्रधारी, चक्रधारी जितने आएँगे, उनके पीछे उतने ही दूत होंगे। सभी का अलग-अलग आसन होगा और प्रसाद भी। सभी पर आपको दृष्टि रखनी होगी।

वृद्ध संन्यासी पुरोहित : निश्चय ही।

संन्यासी महापुरोहित : एक प्रश्न मेरे भीतर कई दिनों से उमड़ रहा है, सोचा कि आप से पूछना चाहिए...।

वृद्ध संन्यासी पुरोहित : *(सिर झुकाकर)* महा।

संन्यासी महापुरोहित : गन्धर्व कन्याएँ...। छोड़िए।

वृद्ध संन्यासी पुरोहित : हठात्, गन्धर्व कन्याओं की चर्चा? क्या उन्हें

लेकर कुछ घटित हुआ?

संन्यासी महापुरोहित : घटनाओं को जन्म देना उनकी दिनचर्या में सम्मिलित है।

वृद्ध संन्यासी पुरोहित : मेरा आशय कुछ और था। कहने का भाव था कि उनकी भूमिका सन्दिग्ध तो नहीं है?

संन्यासी महापुरोहित : ज्ञात हुआ है कि मेरे प्राण हरना चाहती हैं। सम्भवतः इसी कारण से कुलांगारों का मार्ग दर्शन कर रही हैं।

वृद्ध संन्यासी पुरोहित : जो घास के तिनके को तोड़ने में सिहर जाता है, वह आपके बारे में...ऐसा सोचेगा...! विश्वसनीय नहीं है। किसी ने विनोद किया होगा। कुलांगारों की प्रवृत्ति से भिन्न है उनकी प्रवृत्ति। दोनों दो तट पर हैं। विचार मिलने का प्रश्न कहाँ है! हाँ, यह हो सकता है कि कुलांगारों के बीच आती-जाती हों। उनकी मूर्खतापूर्ण बातों को सुनकर आनन्द लेती हों परन्तु यह विश्वास के योग्य नहीं कि उनसे उनकी संलिप्तता है। वनदेवियों से सम्बन्ध हो सकते हैं। मार्ग दर्शन का प्रश्न कहाँ उठता है।

संन्यासी महापुरोहित : *(मुस्कुराते हुए)* गन्धर्व कन्याओं के प्रति आपकी उदारता पूर्ववत् ही है...।

वृद्ध संन्यासी पुरोहित : यदि आप स्पष्ट कर सकें कि आपकी यह धारणा मेरे सम्बन्ध में किन कारणों से बनी, तो उपकृत हूँगा।

संन्यासी महापुरोहित : ठीक-ठीक नहीं कह सकता...। अवश्य कोई न कोई बात होगी जिसे अन्तर मन बाह्य मन को नहीं कहना चाहता होगा।

[ठहराव।]

रूप मृगतृष्णा है। ज्ञान को उसके पीछे नहीं भागना चाहिए वृद्ध संन्यासी पुरोहित।

[नेपथ्य से मृदंग बजने की आवाज़ आती है।]

संन्यासी महापुरोहित : *(उठते हुए)* चलिए, आपके शिष्यों का रंग देखते हैं।

[संन्यासी महापुरोहित, वृद्ध संन्यासी पुरोहित आगे बढ़ते हैं। धीरे-धीरे रोशनी विलुप्त हो जाती है।]

दृश्य : 2

[मंच पर सूर्यास्त की बिखरती रोशनी। मात्या के घर का दृश्य उभरता है। सुआ लड़कियों के साथ सूप बजाती हुई, गाती हुई एक घेरे में नृत्य करती घूम रही है।]

अलाय-बलाय भागो
भागो द्ररिद्रदेव भागो, भागो...
जागो, शुभ भीतर जागो
कोरे में रंग लागो
जागो, शुभ, भीतर जागो
फटे के म्हारे तागो
जागो शुभ भीतर जागो
अलाय-बलाय भागो
यहाँ से भागो
वहाँ से भागो
बाबू की गोड़वारी से भागो
माँ की मुड़वारी से भागो...
अलाय-बलाय भागो...

[मात्या आती है। हाथ के इशारे से गायन को बन्द कराती है।]

मात्या : *(लड़कियों से)* अपने-अपने घर जाओ तुम लोग।

[लड़कियाँ जाती हैं।]

सुआ : क्यों माँ, ऐसा हम क्या कर रहे हैं?

मात्या : तुम्हें आभास नहीं हो रहा?

सुआ : हम दरिद्र हाँकने का खेल खेल रहे हैं।

मात्या : अन्दर चलो तुम।

[मात्या सुआ का हाथ पकड़कर अन्दर ले जाती है।]

मात्या : तुम हमें जीने नहीं दोगी?

सुआ : मैंने क्या किया?

मात्या : तुम इन लड़कियों को इकट्ठाकर जो खेल खेलती हो उसके सम्बन्ध में जानती हो? जानती हो आस-पास के लोग क्या कहते हैं?

सुआ : क्या कहते हैं?

मात्या : तुम इन्हें खेल के बहाने अपनी तरह लड़ाकू बना रही हो। इनके भीतर तुम क्रोध भर रही हो। लोग भयभीत हैं। अपनी लड़कियों को बरजते हैं कि सुआ के पास मत जाना, परन्तु वे मानती नहीं, अदबदाकर तुम्हारे पास चली आती हैं। ऐसा कुछ मत करो कि हमें यहाँ से भागना पड़े। आखिर हम सभी के कोपभाजन बन जाएँगे तो रहेंगे कहाँ? एक तरफ कुलांगार है, दूसरी तरफ संन्यासी पुरोहित। क्या इनसे कम आघात मिल रहा है कि अपने लोगों से तुमने शत्रुता का इन्तजाम कर लिया है?

सुआ : मैंने शत्रुता को निमन्त्रण नहीं दिया है। खेल खेलना क्या शत्रुता है! जब बरखा नहीं होती तब तुम्हीं कहती हो, गाँव के लोग कहते हैं कि गाय घेरने का खेल खेलो। बादल को धमकाओ जिससे वह बरखा दे। उस समय तुम्हें क्यों नहीं लगता कि

मैं लड़कियों को लड़ाकू बना रही हूँ।

मात्या : तू समझने का प्रयास नहीं कर रही है बेटी...तुझे मैं कैसे समझाऊँ...।

सुआ : क्या समझूँ? यही न कि सूप पिटेगा, तालियाँ बजेंगी तो दूर-दूर तक आवाजें जाएँगी।...इससे भय टूटेगा माँ। जानवर इससे भागेंगे।

मात्या : क्या शत्रु नहीं जानेंगे? उनके कानों तक जब आवाज़ पहुँचेगी तो क्या वह हमें छोड़ेंगे?

सुआ : हम खेल भी नहीं सकते...।

मात्या : बिना आवाज़ किए खेलो।

सुआ : इतना डरकर हम नहीं रह सकते माँ। मारे जाएँगे तो मारे जाएँगे। भय के चलते हम आवाज़ नहीं कर सकते, ताली नहीं बजा सकते, हँस नहीं सकते। यह तो मुझसे नहीं होगा।

मात्या : तू समझ नहीं रही है कि जीवन कितना अमूल्य है!

सुआ : समझ रही हूँ माँ इसलिए ही जीवन को बचाने का यत्न कर रही हूँ।

मात्या : तू जीवन बचा रही है? मेरे सिर पर हाथ रखकर तू बोल कि खेल-खेल में क्या सिखाती-पढ़ाती रहती है लड़कियों को? क्या तुम...। मैं कहना नहीं चाहती हूँ सुआ। मुझसे कहा भी तो नहीं जाएगा...।

[मात्या की आँखें भर आती हैं।]

सुआ : *(मात्या का आँसू पोंछते हुए)* मैं तुम्हें रोते हुए नहीं देख सकती। तुम्हीं बोलो माँ, आखिर हम कब तक भागते रहेंगे? एक बार क्या लड़ नहीं सकते?

मात्या : चुप कर। मैं कुछ सुनना नहीं चाहती। जा अपने पिताजी को खाने के लिए बुला। सँभलकर जाना। रास्ते में कबूतर बैठे होंगे। अँधेरे में दिखेंगे नहीं चुटकी बजाते जाना।

[सुआ जाने लगती है। धीरे-धीरे रोशनी विलुप्त हो जाती है।]

दृश्य : 3

[रात का समय वृद्ध संन्यासी पुरोहित के द्वार का दृश्य उभरता है। प्रकाशवृत्त घूमकर संन्यासी प्रहरियों पर केन्द्रित होता है। दो संन्यासी प्रहरी पहरेदारी करते घूम रहे हैं। कुलांगार मुँह ढँके आता है और दरवाजे की तरफ जाने लगता है कि संन्यासी प्रहरी उसे रोकते हैं।]

कुलांगार : मैं वृद्ध संन्यासी पुरोहित का विशेष दूत हूँ। व्यक्तिगत दूत कहना ज्यादा श्रेयस्कर होगा। वैसे मेरा नाम भी दूत है। संन्यासी दूत।

संन्यासी प्रहरी-2 : इसके पूर्व मैंने कभी आपको नहीं देखा।

कुलांगार : संयोग है। वृद्ध संन्यासी पुरोहित से भला दूसरा कोई रात के एकान्त में क्यों मिलना चाहेगा!

संन्यासी प्रहरी-1 : आप मिथ्या बोल रहे हैं। वृद्ध संन्यासी पुरोहित के सम्बन्ध में कदाचित् आपको ज्ञात नहीं कि वे भूमंडल पर संन्यासी पुरोहितों के मोती हैं। उनके लिए व्यक्तिगत शब्द का प्रयोग करना, उनकी निन्दा करना है।

संन्यासी प्रहरी-2 : और इसके लिए हम आपको कठोर दंड दे सकते हैं।

संन्यासी प्रहरी-2 : आप हैं कौन, हमें सच बता दें।

कुलांगार : कृपया वृद्ध संन्यासी पुरोहित को मेरे आने की सूचना दे दें।

संन्यासी प्रहरी-1 : आपकी आज्ञा मानने को हम विवश नहीं हैं।

कुलांगार : फिर तो हमें जाने दें। आपने यदि मेरी प्रार्थना नहीं सुनी और मैं लौट गया तो वृद्ध संन्यासी पुरोहित को दुःख होगा।

[संन्यासी प्रहरी असमंजस में पड़ जाते हैं और आपस में मंत्रणा करते हैं]

संन्यासी प्रहरी-1 : आप सत्य कह रहे हैं, इसका प्रमाण?

[वृद्ध संन्यासी के कक्ष के भीतर से आवाज़ आती है, "कोई भी हो, आने दो।" संन्यासी प्रहरी द्वार खोलते हैं। कुलांगार अन्दर जाता है। प्रकाशवृत्त कक्ष में केन्द्रित होता है। कुलांगार वृद्ध संन्यासी पुरोहित को प्रणाम करता है। वृद्ध संन्यासी पुरोहित लेखनी को विराम देते हैं।]

वृद्ध संन्यासी पुरोहित : तुम कौन हो? इतनी रात गए मुझसे मिलने के लिए बाल-हठ क्यों?

कुलांगार : *(अपने मुँह से कपड़े को हटाते हुए)* मैं हूँ वृद्ध संन्यासी पुरोहित। आपका परम शिष्य...।

वृद्ध संन्यासी पुरोहित : *(आश्चर्यपूर्वक)* तुम! कुलांगार! तुम्हारा साहस कैसे हुआ यहाँ आने का? तुम्हारी मृत्यु ही सम्भवतः यहाँ ले आई है तुम्हें...।

[कुलांगार वृद्ध संन्यासी पुरोहित के पैर पर गिर पड़ता है और गिड़गिड़ाते हुए अपनी बात सुनने का अनुरोध करता है। वृद्ध संन्यासी नम्र पड़ जाते हैं। उसे

आसन पर बैठने का इशारा करते हैं।]

कुलांगार : यदि मेरे प्राण ही हरना है तो पूरी बात सुनकर हरें। मैं चूँ तक नहीं करूँगा। एक समय था जब आपका स्नेह मुझ पर बरसता था।

वृद्ध संन्यासी पुरोहित : उस स्नेह को तुमने रहने कहाँ दिया! तुम्हें पहचानने में मुझसे भूल हुई। अब कहाँ घात करने आए हो?

कुलांगार : मैं क्या घात करूँगा? आपके लोग आपके साथ घात कर रहे हैं।

वृद्ध संन्यासी पुरोहित : तुम भी तो अपने ही लोग थे न!

कुलांगार : अब तो नहीं हूँ।

वृद्ध संन्यासी पुरोहित : अपने आने का औचित्य बताओ। आखिर तुम चाहते क्या हो?

कुलांगार : आशीर्वाद।

वृद्ध संन्यासी पुरोहित : मिथ्या बोलते हो। संन्यासी पुरोहित का चोला पहिनकर तुम इसी तरह मिथ्या बोलते रहे। ऊपर से ब्रह्मचर्य-व्रत-परायण, नेम-धर्म, भीतर से उतने ही व्यसनी, व्यभिचारी। कितने शयनकक्षों, ब्रह्मारण्यों को तुमने अपवित्र किया! तुम जैसे निकृष्ट प्राणी को तमसा नदी में डुबो-डुबोकर मारना चाहिए। धन्य हैं संन्यासी महापुरोहित जिन्होंने तुम्हें मृत्युदंड न देकर कुलांगार घोषित किया। जीवन नहीं हरा। तुम्हें यह भ्रम नहीं होना चाहिए कि पुनः तुम बन सकोगे अग्निपुत्र।

कुलांगार : हमारे भीतर अग्निपुत्र बनने की कोई आकांक्षा नहीं है।

वृद्ध संन्यासी पुरोहित : फिर किसलिए...?

कुलांगार : आपके विरुद्ध संन्यासी महापुरोहित षड्यंत्र

रच रहे हैं, जिससे कि आपको किनारे किया जा सके...।

वृद्ध संन्यासी पुरोहित : *(बीच में बात काटते हुए)* मर्यादा में रहो कुलांगार। मैं भूल जाऊँगा नेम-धर्म। संन्यासी महापुरोहित हमारे श्रद्धेय हैं। उनके विषय में ऐसे कुवचन कहने का दुस्साहस तुमने कैसे किया? इसके लिए तुम्हारा सिर धड़ से अलग हो गया होता। तुम सौभाग्यशाली हो कि मेरे शयनकक्ष में हो।

कुलांगार : क्षमा! मेरी बात पूरी हो जाने दें फिर जो इच्छा हो, सो करें। सभी स्वीकार करूँगा सिर झुकाकर। आपके साथ घात हो रहा है। बरसों पूर्व आपके संन्यासी पुरोहित पुत्र को एक छोटी सी भूल के लिए कुलांगार घोषित किया गया और उसने आत्महत्या कर ली। आप चुप रहे। दो वर्ष पूर्व आपके प्रिय शिष्य संन्यासी पुरोहित सत्यमुख को मृत्युदंड दे दिया गया। आप चुप रहे। आपकी लोकप्रियता और वर्चस्व का क्या अर्थ...? वृद्ध संन्यासी पुरोहित, कल देखिएगा आपकी विश्वसनीयता पर सन्देह किया जाएगा और आपको आश्रम से कुलांगार घोषित कर निष्कासित कर दिया जाएगा। आरोप होगा कि आप कुलांगारों से मिले हुए हैं।

वृद्ध संन्यासी पुरोहित : क्या तुम इसलिए आए हो कि प्रातः होते ही पूरे आश्रम में यह बात गूँज उठे कि रात्रि के मध्य में कुलांगार से वृद्ध संन्यासी मंत्रणा कर रहे थे।

कुलांगार : कौन जानेगा? मैंने तो अपने को आपका व्यक्तिगत दूत बताया है।

वृद्ध संन्यासी पुरोहित : तुम समझते हो कि लोग यह विश्वास कर लेंगे कि मैं व्यक्तिगत दूत रखता हूँ?

कुलांगार : विश्वास न करें, परन्तु अविश्वास भी नहीं करेंगे। मन में एक द्वन्द्व पैदा होगा।

वृद्ध संन्यासी पुरोहित : द्वन्द्व भ्रम पैदा करता है।

कुलांगार : भ्रम पैदा करने से हमारी मर्यादा बढ़ तो नहीं जाएगी।

वृद्ध संन्यासी पुरोहित : कुलांगार और मर्यादा? मर्यादाओं के हनन करने से जिसकी पहचान बनती हो, उसके लिए मर्यादा? उसके लिए किसी सम्बन्ध का क्या अर्थ? उसके लिए किसी शब्द का क्या अर्थ? किसी मुहूर्त का क्या अर्थ? किसी भाव का क्या अर्थ?

कुलांगार : बिना अर्थ के आपके पास आ गया?

वृद्ध संन्यासी पुरोहित : नकली बात।

कुलांगार : सत्य बात तो यह है कि आपकी धर्म पत्नी जिन्हें मैं माँ कहता हूँ, वह इधर कुछ दिनों से अपने कनिष्ठ पुत्र के लिए अर्ध रात्रि में उठकर विलाप करती हैं। उनका रुदन सुनकर वन का पात भी खहर जाता है। उन्होंने मुझसे कहा तुम मेरे प्राण अधारे को वापस ले आओ। मैं काँप गया गुरुदेव, यह सुनकर। उनका दुःख मुझसे देखा नहीं गया। आप चलें। माता अकेली हैं। यहाँ आकर मैं माता को दिए गए वचन को पूरा कर रहा हूँ। अब आप यह नहीं कह सकते कि मेरे लिए शब्द का कोई अर्थ नहीं है।

वृद्ध संन्यासी पुरोहित : पीछे जो छूट गया, वह मेरा संसार नहीं है। जिसका होगा, वह अब मेरे साथ नहीं है। जो आगे है वही अपना है।

कुलांगार : आगे तो अग्नि है।

वृद्ध संन्यासी पुरोहित : हाँ, माँ अग्नि हैं। उनका आलोक है। आलोक ही तो ईश्वर है और हम ईश्वर के समीप हैं।

कुलांगार : आप अतीत से भाग रहे हैं।

वृद्ध संन्यासी पुरोहित : भीरु जन ही अतीत में जीते हैं।

कुलांगार : बिना अतीत के वर्तमान सम्भव है क्या?

वृद्ध संन्यासी पुरोहित : तुम तर्क-वितर्क के योग्य नहीं। कुलांगार हो, तुम्हें यह नहीं भूलना चाहिए। हमारी सदाशयता की और परीक्षा मत लो। तुम जिस कार्य से आए थे, उसको तुमने कुशलतापूर्वक कर लिया, अब जा सकते हो।

कुलांगार : मैं किस कार्य से आया था?

वृद्ध संन्यासी पुरोहित : तुम भ्रम फैलाने आए थे।

कुलांगार : आप मुझ पर दोष मढ़ रहे हैं।

वृद्ध संन्यासी पुरोहित : मुझे कटार उठाने के लिए विवश मत करो।

कुलांगार : आप बात-बात पर कुपित हो उठते हैं। पहले तो ऐसे नहीं थे।

वृद्ध संन्यासी पुरोहित : तुम हो पहले जैसा?

कुलांगार : अतीत की बात आ गई न! अतीत से मुक्त नहीं हुआ जा सकता। अतीत की नींव पर ही जिन्दगी खड़ी है। अग्नि पर नहीं। हमारे पास अग्नि नहीं, क्या हम जीवित नहीं हैं?

वृद्ध संन्यासी पुरोहित : तुम अपने को जीवित कहते हो!

[कुलांगार खी-खी करके हँसता है।]

कुलांगार : अपनी धर्मपत्नी के लिए कोई संवाद देंगे...?

[वृद्ध संन्यासी मौन रहते हैं। चार का घंटा बजता है। कुलांगार प्रणाम कर प्रस्थान कर जाता है। नेपथ्य से संगीत उठता है।]

नीक न किया जोगिया
बिसार के हमका नीक न किया
बजनियाँ कौन देस का जोगिया–
भीतर पैठ बजावे तू
संगी-साथी सुन न पावें
मुझमें नदी बहावे तू
नीक न किया जोगिया...

[वृद्ध संन्यासी पुरोहित उठकर मुख्य द्वार की ओर बढ़ते हैं। धीरे-धीरे दृश्य लोप हो जाता है।]

दृश्य : 4

[सन्ध्याकालीन प्रकाश फैलता है। निर्जन पहाड़ी का दृश्य उभरता है। अनंग जानवर की तरह एक पत्थर से रस्सी में बँधा बैठा स्वरालाप कर रहा है। उसकी आँखें बन्द हैं। साखा आती है। उसके पीछे छत्र लिये तामू आता है। साखा चुपचाप एक टीले पर बैठ जाती है। उसके पीछे छत्र तानकर तामू खड़ा होता है।]

अनंग : मुझे मुक्त करो
इस फाँस से मुक्त करो...
जीवित रहूँगा, आऊँगा कार्य तुम्हारे
विश्वास करो, नहीं करूँगा घात
तालियाँ बजा-बजाकर नहीं करूँगा नृत्य
स्त्रियों को देखकर निःवस्त्र।
पुतलियों से प्रिय मेरे तुम्हीं हो, तुम्हारा ही हूँ मैं रक्त
मुझे पहचानो
भयावह रातों में विचरण करने वाला
वही हूँ मैं अघोड़ी, जिसकी पदचाप से भाग खड़े होते थे—
खूँखार जीव
और जिसके संकेत मात्र से हिनहिनाते हुए—
चौकड़ी भरने को आतुर हो जाते थे अश्व
जिसकी धूर्तता की मार से चित्त हो जाती थी साधु बुद्धि

वही हूँ मैं...
मुझे पहचानो, वीराने में विहँसती वनस्पतियों—
कन्दराओं में रहने वाले प्राणियो!
मुझे मुक्त करो...मैं हूँ तुम्हारा रक्त
इस फाँस से मुक्त करो...मुक्त करो
और लो सुयश...।

साखा : किसको सुयश दे रहे हो? क्या उन्हें, जो संन्यासी पुरोहितों के भय से अरण्यों में छिपे रहते हैं; कि उन्हें जो कुलांगारों की चंगुल में आकर मूत देते हैं?

[अनंग चौंककर आँखें खोलता है और हकलाते हुए प्रणाम करता है।]

अनंग : *(हकलाते हुए)* नहीं-नहीं, किसी को नहीं...किसी को नहीं।

साखा : *(हँसते हुए)* कन्दराओं में रहने वाले प्राणियों से मुक्ति याचना!

अनंग : नहीं-नहीं, कोई याचना नहीं, उनसे क्या याचना! नीलगायों से क्या याचना!

साखा : तू तो उन्हीं नीलगायों का छौना है। है कि नहीं?

अनंग : नहीं...नहीं।

साखा : क्या कहा? नहीं?

अनंग : हाँ-हाँ..., नहीं-नहीं, हाँ...।

साखा : तुम इतने भयातुर क्यों हो? क्या बात है? हाँ-हाँ बोलो। बोलो।

अनंग : *(गिड़गिड़ाते हुए)* महासुन्दरी मुझे मुक्त कर दें। मुक्त कर दें मुझे, इस जीवन से मुक्त कर दें। इस पीड़ा से मृत्यु ही श्रेयस्कर है।

साखा : तुम्हारी यह दशा किसने की?

अनंग : कुछ पता नहीं। मैं नींद में था। आँख खुली तो यहाँ बँधा पाया।

साखा : यह किसका दुस्साहस हो सकता है? कहीं संन्यासी सैनिकों ने तो नहीं...।

अनंग : नहीं-नहीं। वे जीवित नहीं छोड़ते। कोई दया नहीं करते।

साखा : फिर तो यह दया कुलांगार श्रेष्ठ की ही हो सकती है।

अनंग : कदापि नहीं। विधाता ऐसा नहीं कर सकते। मैं उनका परम विश्वसनीय आज्ञाकारी अनुचर हूँ। इसे कौन नहीं जानता? विधाता जब अपनी आँखों से मेरी यह दशा देखेंगे तो अनर्थ हो जाएगा। वह जीवित नहीं बचेगा पृथ्वी पर जिसने मुझे जकड़ दिया है यहाँ। उसे विधाता की शक्ति नहीं मालूम। उसे नहीं मालूम कि उनके आदमी पर हाथ उठाने वाले की गति क्या होती है? आप मुझे मुक्त कर दीजिए महासुन्दरी। आपके पैर पड़ता हूँ।...बैठे-बैठे देह अकड़ गई है। पहले चुनचुनाहट...फिर चुभन शुरू हो जाती है। आप मुझे मुक्त कर दीजिए परमसुन्दरी। बहुत कष्ट हो रहा है।

साखा : *(तामू से मुख़ातिब होकर)* छत्र को टीले से लगाकर पत्ते के दोने से भरे रुधिर को उठाओ और नीचे बैठकर मेरी एड़ियों और उँगलियों को उससे रचो।

[तामू रुधिर से भरे दोने को उठाता है और साखा के पैरों को रचने लगता है।]

साखा : *(अनंग की ओर होते हुए)* हाँ, तुमने क्या कहा? किसके आदमी हो?

अनंग : विधाता के...विधाता के परमसुन्दरी...विधाता के...।

[साखा खिलखिलाकर हँसती है।]

साखा : कुलांगार श्रेष्ठ...।

अनंग : हाँ-हाँ, वही हैं हमारे विधाता...हम उन्हीं के आदमी हैं...।

[साखा हँसती है। तामू भी हँसता है।]

साखा : *(तामू को दिखाकर)* यह किसका आदमी है?

अनंग : यह तो लोमड़ है। इसे तो मैं ही विधाता के पास लाया था। यह विधाता के विशेष अनुचरों के अनुचरों का अनुचर दास है। इसे आपकी सेवा में देखकर चकित हूँ। कुछ समझ में नहीं आ रहा है...कहीं मैं नींद में तो नहीं हूँ...? कहीं मैं दुःस्वप्न तो नहीं देख रहा हूँ?

साखा : यदि तुम दुःस्वप्न में हो तो मैं तुम्हें कैसे मुक्त कर सकती हूँ? और यदि तुम स्वप्न में नहीं हो, तो तुम्हें मुक्त तुम्हारा विधाता ही कर सकता है या यह लोमड़ जिसने तुम्हें इस पत्थर से बाँध रखा है।

अनंग : *(आश्चर्य भाव से)* इसने...? इसने मुझे बाँध रखा है? इसका यह दुःस्साहस! एक बार मुक्त हो गया इसे जीवित नहीं छोड़ूँगा।

[तामू ठठाकर हँसता है।]

साखा : *(तामू से)* छत्र को उठाओ और चलो। जंगली जानवरों के आने का समय हो रहा है।

अनंग : *(रिरियाते हुए)* नहीं-नहीं, ऐसा मत कीजिए महासुन्दरी। मुझे अकेला मत छोड़िए। मुझे जंगली जानवर नोंच खाएँगे। मुझ पर कृपा कीजिए, कृपा

कीजिए महासुन्दरी...।

[साखा अपने पैरों को निहारते उठती है।]

अनंग : *(चिल्लाकर)* लोमड़ तुम तो मेरे मित्र हो। लोमड़...।

तामू : *(मुस्कुराते हुए)* मित्र...!

अनंग : हाँ, मित्र...मेरे प्रिय मित्र...तुम मुझे ऐसे मरने के लिए अकेला नहीं छोड़ सकते। मित्र लोमड़...!

तामू : मैं विधाता का अनुचर हूँ। मैंने जो किया, वह विधाता के हुक्म से किया...।

अनंग : क्या?

[साखा आगे बढ़ती है। तामू पीछे छत्र उठाए चलता है।]

अनंग : *(सिसकते हुए)* विधाता...।

[धीरे-धीरे मंच पर अन्धकार उतरता है।]

दृश्य : 5

[रोशनी आती है। बाघमारा उत्सव का दृश्य उभरता है। होम सज-सँवर रहा है। सुआ उसे सजा रही है। उसका मुँह लाल रंग से रँगा हुआ है। जहाँ-तहाँ सफेद रंग की बुनकियाँ रची हुई हैं। आँखों में काजल की मोटी रेखाएँ हैं। सुआ उसके सिर पर फूलों की माला लपेटती है। होम उसे नोंच देता है और घर के अन्दर चला जाता है। क्षण भर बाद महुए के पत्ते का मुकुट धारण कर प्रसन्न मुद्रा में बाहर आता है।]

होम : *(सुआ से उन्मुख होते हुए)* देख, अब कैसा लग रहा हूँ?

सुआ : माथे पर यह क्या बाँध रखा है?

होम : *(महुए के पत्ते को हाथ में नचाते हुए)* जानती है, यह क्या है? बेली है, बेली...। सिर पर उसी को उठा रखा है।

सुआ : लोग ठीक ही कहते हैं कि तेरा माथा फिर गया है। जब से बेली गई, तू ऐसा ही अनाप-सनाप बोलता रहता है। माथा ठंडा रख। थोड़ी ही देर में मणिमाई बाघ मारने जाएगी।

होम : विश्वास कर...। आपरूप देखा उसे...। उस दिन महुआ गाछ के नीचे मैं बैठा था। दुपहरिया गनगना रही थी। दूर-दूर कोई चिरई का पूत नहीं। हठात् बेली पीछे से आई और कान में सनेह से बोली कि तू अपना मुँह काहे को मलिन किए रहता है? हम तो तोहरे साथ हैं। हम तुम्हार बेली हैं। महुआ के

रूप में जन्म लिया है। विश्वास न हो तो पलटकर देखो जरा। जैसे मैं घूमकर देखा, वह आपरूप खड़ी थी। अँकवार में भरे बदे हाथ आगे बढ़ाया कि वह खिलखिलाती हुई गाछ में समा गई। बहुत बात याद आवे लगी। आँख भर आई। गाछ की डाल पकड़ देर तक खड़ा रहा। यह बात कोई न परतीतेगा। तू भी नहीं...।

सुआ : मुझसे मिलवाएगा?

होम : का बोलें दूसरे के मन की बात। जो गाछ-बिरिछ हो गया, उसको क्या?...किसकी मोह-माया...!

सुआ : मोह-माया न होती तो तुझसे क्यों बोलती-बतियाती? दरसु ऐसे ही दिया? अच्छा, देखने में कैसी लगती है रे...? क्या उसी तरह, जैसी लगती थी पहले?

होम : आधा मुँह देखा, आधा ढँकी रही। बोली-बानी तो वैसा ही है कि सुनके जिउ जुड़ाय जाय। भूख-पियास हर उठे।

सुआ : एक बार बोलेगा कि...।

होम : बोल, क्या बोलना है?

सुआ : रहन दे। उसका मन जब नहीं करता तो टोका-टोकी, चिरौरी-विनती करने से प्रेम उपजेगा?

होम : मानुस देह छूटता है, तो सुरता से आदमी जन की सूरत भी उतर जात है।

सुआ : अगर ऐसा होता तो तेरी सूरत कैसे याद रहती? मुझे क्यों याद करेगी, आन जो ठहरी!

होम : अपनी मौसी पर गुस्सा करती है। तुझे वह कितना मानती थी। तुझे याद है कि एक दिन मात्या और धृत्य जंगल चले गए थे और तू बेर तोड़ने के चक्कर में झरबेरी में फँस गई थी। उस समय तू

छोटी थी। साँप सिर पर तेरे लटके हुए थे। तू चिल्लाई तो दौड़कर बेली गई और जान पर खेलकर तुझे झरबेरी से बाहर निकाला। तेरा कभी नाम उसने लिया? कभी लिया? बोल, तुझे क्या कहकर बुलाती थी?

सुआ : रैमुनिया।

होम : कमला माई से दोनों कर जोड़कर बोलूँगा कि जैसे बेली ने मोको दरसु दिया वैसे ही अपनी रैमुनिया को दरसु दे दे।

सुआ : कमला माई तेरी यह बात न माने और कहे कि दूसरा वचन माँग, तो तू क्या माँगेगा?

होम : बोलूँगा कि मछली का दूध दे, बाघिन का दूध दे, चिरई का दूध दे...।

सुआ : क्या करेगा उसे लेकर?

होम : उसे गिलहरी के दूध में मिला देंगे।

सुआ : फिर?

होम : उसे मात्या को चटा दूँगा, धृत्य और तुझे चटा दूँगा फिर अपने चाट लूँगा।

सुआ : उससे क्या होगा?

होम : हम सभी महुआ गाछ बन जाएँगे। रहेंगे आस-पास बेली के जोरे। बेली के पास।

सुआ : मुझे नहीं बनना है महुआ गाछ।

होम : तो क्या संन्यासी सैनिकों के मरने के लिए रखेगी यह मानुस देह?

[मात्या आती है। वह प्रसन्न मुद्रा में है। उसके पीछे धृत्य नाचते हुए आता है। दोनों आकर होम और सुआ के पास बैठ जाते हैं।]

मात्या : *(सुआ की ओर देखकर)* लहटोरी अभी नहीं आई?

सुआ : आती होगी। फूलों से रंग उतार रही थी।

धृत्य : और कुकटोही?

सुआ : वह बोली कि इस बार तेरी माँ मणिमाई बनाई गई है। देखते हैं कि वह बाघ मार पाती है कि नहीं। पिछले साल जब मैं मणिमाई बनाई गई थी और बाघ नहीं मार पाई तो कैसा खिल्ली उड़ाती थी। वह बोली जब जंगल से बाघ मारकर आएगी तब मिलने आऊँगी।

मात्या : उसे मेरा मणिमाई बनना सहन नहीं हो रहा है।

धृत्य : ऐसा मत कहो। वह बेचारी ऐसा क्यों सोचेगी!

सुआ : तो मैं बनाकर बोल रही हूँ?

धृत्य : नहीं, यह बात नहीं।

मात्या : तो कौन सी बात है?

धृत्य : ऐसा बोलकर वह तुम्हारे तन-मन को मजबूत कर रही है।

मात्या : मजबूत कर रही है कि...।

धृत्य : नहीं, ऐसा कुछ नहीं।

सुआ : माँ मुझे कब मणिमाई बनाया जाएगा?

धृत्य : समय आने पर।

सुआ : समय कब आएगा?

मात्या : कुँआरी लड़कियाँ मणिमाई नहीं बनाई जातीं।

सुआ : यह कौन सी बात भई?

धृत्य : तुमने वनदेवी को नहीं बताया कि मेरी माँ मणिमाई हो गई हैं? बताया है कि नहीं?

[मात्या कुछ सोचकर हँसती है।]

सुआ : इसमें हँसने की कौन सी बात आई?

मात्या : न-न, कुकटोही की बात सोचकर हँसी आ गई। देखा मैंने कि माँद से सारी चींटियाँ कुकटोही ले

उड़ी। दो शाम को खाने का जुगाड़ उसने बैठे-बैठे कर लिया।

धृत्य : मैं समझत रहौं कि गबद्दू है कुकटोही, निकली बुद्धिमान।

मात्या : जैसे सुआ की खुली खोपड़ी है, उसी तरह कुकटोही और तुम्हारी भी है।

धृत्य : और तुम्हारी?

[मात्या हँसती है।]

सुआ : कमला बहुत जाग्रत् है न माँ!

मात्या : कमला ने होम को ठीक किया। बेली के मरने के बाद कैसा उसका दिमाग फिर गया था।

होम : झूठ बात। मोर दिमाग कब फिरा?

मात्या : बेली जवन दिन मारी गई, तोर दिमाग अपनी जगह रहा?

होम : मोर दिमाग कहाँ रहा, कहाँ नहीं रहा, तोके कैसे पता?

मात्या : तू भूल गया जब कमला के तट पर नाचता था।

होम : बेली मरी कहाँ? सुआ, जरा बता दे मात्या को, बता दे जरा।

मात्या : *(मुँह बिचकाकर)* हुँह।

सुआ : सच माँ, वह जिन्दा है। वह महुआ बनके जन्मी है। होम से मिली थी कल। होम बोल रहा था, देर तक उससे बात हुई।

मात्या : मतलब यह भवा कि अभी भी दिमाग ठिकाने न आवा।

धृत्य : अब आवेगा भी नहीं।

सुआ : ऐसा काहे बोलत हो। सच्ची, वह बेली को आपरूप देखा है, आपरूप।

धृत्य : झूठ बात।

होम : मो झूठ बोलत हौं?

धृत्य : का पता! लेकिन दादा-बाबा के मुँह से सुना है कि मरने के बाद कुछ लोग पानी होय जात हैं और कुछ लोग अगिन। अब मोके यह पता नहीं कि बेली पानी भई कि अगिन।

मात्या : यदि पानी भई होगी तो कमला में कर रही होगी बास।

सुआ : अगिन भई होगी तो संन्यासी पुरोहित के यहाँ रही होगी सुलग।

मात्या : *(धृत्य से मुखातिब होकर)* कौन पचारा लेके बैठ गए। शिकार का समय हो रहा है।

धृत्य : बोल का करे का है?

मात्या : मरद लोग जाकर छुप जाओ, तिरिया का गोड़ लगकर।

धृत्य : धत्त तेरे की। सुरता से उतर गया कि बाघमारा पूजा में तिरिया का गोड़ लगना पड़ता है।

[होम, धृत्य मात्या के गोड़ पड़ते हैं। नाचते हुए नेपथ्य में चले जाते हैं।]

[सुआ मात्या के मुँह को काले रंग से सजाना शुरू करती है। ऊपर से सफेद लाल बुनकियाँ रचती है। खुले केश में जहाँ-तहाँ फूल टाँकती है। हाथ में तीर-धनुष देती है। वनदेवी आती हैं। सुआ, मात्या अभिवादन करती हुई स्वागत में उठ खड़ी होती हैं। सुआ वनदेवी को आसन देती है।

सुआ : *(उत्साहित होकर)* बहुत अच्छा हुआ कि आप आ गईं।

मात्या : हमने कमला से अरज जो किया था, कैसे नहीं आती!

वनदेवी : *(मात्या से मुख़ातिब होकर)* अपने चेहरे पर इतना रंग पोत रखा है...तीर-धनुष?

मात्या : उत्सव जो है।

सुआ : इस बार माँ बनाई गई है मणिमाई। आपसे कहा था न!

वनदेवी : मणिमाई?

सुआ : मणिमाई जो बनाई जाती है, वह जंगल में बाघ मारने जाती है।

वनदेवी : मात्या बाघ मारने जाएगी। तुम लोग भी जाओगी?

सुआ : नहीं, अकेली जाएगी। हम लोग नाच-गाकर गुरु से प्रार्थना करेंगे, प्रार्थना करेंगे कि बाघ मराय जाय और तिरिया अघाय जाय।

वनदेवी : सचमुच का बाघ मारेगी मात्या?

सुआ : गाछ का बाघ। गाछ बूझती है न! अब सच्चो का बाघ कोई थोड़े मारता है। गाछ तोड़कर लाता है और कहता है कि बाघ मारकर ले आया। पिछली बार कुकटोही ने भी ऐसा किया था।

वनदेवी : अच्छा, यह बाघ मारने का खेल है!

सुआ : खेल नहीं, पूजा।

मात्या : इस पूजा में मैं सचमुच का बाघ मारूँगी।

वनदेवी : सचमुच का बाघ मारोगी!

[मात्या स्वीकारात्मक सिर हिलाती है। सुआ चकित भाव से देखती है।]

वनदेवी : *(मात्या की ओर रुख करते हुए)* पहले भी कभी बाघ मारा है?

मात्या : नहीं, हमारी माँ और नानी ने मारा था। बड़ा बाघ,

बड़ी-बड़ी मूँछों, नाखूनोंवाला। वह खूँखार ऐसा था कि जिसकी चिंघाड़ से लोग बेहोश हो जाते थे। किस-किसको उसने नहीं मारा? बच्चे, जवान, बूढ़े...। किसको नहीं मारा?

वनदेवी : तुमने देखा था उसे?

मात्या : मैं छोटी थी। याद है कि बाघमारा की पूजा के दिन माँ इसी तरह मुँह में रंग माखकर, तीर-धनुष लेकर निकली थी अकेले जंगल में। आधी रात बीतते-बीतते बाघ को मारकर, घसीटते हुए उसे ले आई, तब हम लोग गुरु की पूजा में मगन थे...।

वनदेवी : फिर!

मात्या : माँ को कन्धे पर बिठाकर पहाड़ी के नीचे-ऊपर घुमाया गया। गुरु के बराबर आसन दिया गया। यहाँ तक कि नानी ने भी गोड़ छुआ।

वनदेवी : और तुमने?

मात्या : मैं तो रो रही थी। मुझे डर लग रहा था।

वनदेवी : बाघ से?

मात्या : बाघ से और माँ से भी। उस बाघ के बारे में नानी बताती थी कि वह दस-दस हाथी को एक साथ मारता था। उसके जबड़े हमेशा खून से तर रहते थे। उसके भय से चिड़ियों ने चहचहाना छोड़ दिया था। उसी का एक दाँत नानी ने मेरे गले में माला बनाकर डाल दिया था। बहुत दिनों तक वह मेरे पास था। उतना बड़ा बाघ मैंने फिर नहीं देखा।

वनदेवी : यदि आज तुम्हें वैसा ही बाघ दिख जाए तो क्या तुम उसे मार सकोगी?

[मात्या स्वीकारात्मक सिर हिलाती है।]

सुआ : *(वनदेवी की ओर देखकर)* न-न...चुहल कर रही है माँ। फुरे-फुरकी* थोड़ो न कह रही है।

मात्या : फुरे-फुरकी बोल रही हूँ।

सुआ : फुरे-फुरकी?

वनदेवी : सोच लो मात्या। आगे-पीछे सोच लो।

सुआ : हाँ, माँ।

वनदेवी : यह भी तो हो सकता है कि जिसे तुम मारने जा रही हो, वह तुम्हें ही मार दें!

मात्या : *(आत्मविश्वास के साथ)* मैं उसे मार दूँगी।

वनदेवी : अपने पर इतना विश्वास!

[मात्या कुछ नहीं बोलती।]

वनदेवी : धृत्य, होम कोई दिख नहीं रहा है। कहाँ हैं सब?

सुआ : जंगल। बाघमारा पूजा में तिरिया, तिरिया को शिकार पर विदा करती हैं। मरद लोग मणिमाई के जंगल में जाने के बाद घर लौटेंगे। मरद का मुँह देखकर नहीं जाया जाता।

वनदेवी : धृत्य को ज्ञात है कि सच्चो का बाघ मारने जा रही है मात्या?

[कोई उत्तर नहीं।]

सुआ : मुझे तो अब भी विश्वास नहीं हो रहा है। माँ इतना भय खाती है, ऊपर से मुझे भी भयभीत करती रहती है। बाघ मारने की बात...! *(सोचा भी नहीं जाता)*।

वनदेवी : जिसे तुम भय समझ रही हो, बहुत सम्भव है कि यह भय न हो। तुम्हारे प्रति अतिशय प्रेम हो, जो अपने मोह के घेरे में तुम्हें रखना चाहता हो

---

*फुरे-फुरकी—सच-सच।

जिससे कि तुम्हारा अनिष्ट न हो। शुभचिन्ता भय नहीं है। भय तो वह है जिससे आदमी का संकल्प हिल जाए। मुझे नहीं लगता कि मात्या का संकल्प हिल सकता है।

सुआ : माँ को समझ नहीं पा रही हूँ।

वनदेवी : ऐसा कैसे कह सकती हूँ? तुमने उसके पेट से जन्म लिया है। तुम नहीं समझोगी तो कौन समझेगा? परन्तु इतना अवश्य लगता है कि मात्या जितना दिखा़ना चाहती है, उतना ही तुम देखती हो। उसका अमूल्य इसी से दृष्टिगोचर नहीं होता।

सुआ : अमूल्य तो आँसू के रूप में आँखों से बह रहा है।

वनदेवी : वह अमूल्य नहीं है। सुख-दुःख की घटाओं का असर है। अमूल्य तो आदमी के संकल्प में छुपा होता है।

सुआ : माँ ने जो बाघ मारने का संकल्प किया है, वह अच्छा नहीं है। जंगल में बाघ मिले न मिले, संन्यासी सैनिक अवश्य मिल जाएँगे। वे प्राण हर लेंगे। ऐसा अमूल्य रहने से क्या?

वनदेवी : तुम प्राण जाने की बात कर रही हो? आश्चर्य! तुम तो ऐसी नहीं थी। तुम्हें मैंने हमेशा उल्लास से भरा हुआ देखा। प्राण जाने का भय जितना करोगी, भय उतना बढ़ेगा। जिस दिन यह भय छोड़ दोगी और अपने पर भरोसा करना सीख जाओगी, उस दिन तुम्हारा उदय हो जाएगा। फिर तुम्हारे सामने बड़ी से बड़ी ताकतें आने के लिए दस बार सोचेंगी। मात्या की चिन्ता तुम मत करो। मैं उसे ऐसे मार्ग से ले जाऊँगी जिससे वह अपने शिकार तक पहुँच जाएगी बिना किसी विघ्न-बाधा के।

सुआ : बाघ का ठौर है जहाँ।

[वनदेवी स्वीकारात्मक सिर हिलाती हैं।]

वनदेवी : *(मात्या की ओर देखकर)* तुम्हारी नानी ने जो बाघ मारा था, उससे भी बड़ा बाघ है वह। उससे भी खूँखार, मनुष्यहन्ता, नरभक्षी...। हरी घासों को रक्त से नहलानेवाला, सुगन्ध और स्वप्न को ध्वंस करनेवाला, वर्तमान, भविष्य खाने वाला। उस मदान्ध को जानती हूँ मैं। और यह भी जानती हूँ कि उसे मारना तुम्हारे लिए दुष्कर कार्य नहीं है। कोई भी दृढ़-निश्चय वाला व्यक्ति उसे मार सकता है। उसकी ताकत उसके शरीर में नहीं, बाहर है। उसी पर ध्यान करना होगा केन्द्रित।

मात्या : मतलब?

[वनदेवी मात्या के कान में कुछ फुसफुसाती है। मात्या मुस्कुराती है।]

वनदेवी : मैं तुम्हें दूर से उसे लखा दूँगी। जैसा मैंने कहा यदि तुमने वैसा कर दिया तो तुम अपनी माँ की असल बेटी कहाओगी।

सुआ : जैसे अपनी माँ की असल बेटी हूँ मैं।

[वनदेवी, माँ हँस पड़ती हैं।]

सुआ : *(मात्या की ओर देखती है)* माँ, बहुत दूर मत जाना। बाघ मारने का जोग बने...मारना। आगे-पीछे आँख रखना। समय पर उलु देना। तिरिया सब खड़ी हैं तुम्हें विदा करने। देवता को नमन करो।

[मात्या देवता को नमन करती है। सुआ तीर-धनुष के गोड़ लगती है। मात्या को गोड़ लगती है। औरतों का समूह आता है। फिर

मात्या के साथ गीत गाती हुई गोल-गोल घूमती हैं। वह भी उनके साथ गायन में शामिल हो जाता है। वनदेवी दूर खड़ी मुग्ध भाव से देखती हैं।]

बेला फुलाय, महुआ फुलाय
मन में फुलाय, मन में फुलाय—
मन करे गमगम, गमगम, गमगम...
बेला करे गमगम, गमगम
महुआ करे गमगम, गमगम
रूप करे गमगम, गमगम
जगरूप करे गमगम, गमगम
पाँत करे गमगम, गमगम
पाँख करे गमगम, गमगम
माठ करे गमगम, गमगम
उठान करे गमगम, गमगम...
बेला फुलाय, महुआ फुलाय
मन में फुलाय..., मन करे गमगम... ।

[गान रुकता है, औरतें मात्या के गोड़ लगती हैं और उलु की ध्वनि होती है। मात्या नेपथ्य में चली जाती है। धीरे-धीरे रोशनी विलुप्त हो जाती है।]

दृश्य : 6

[पहाड़ी का दृश्य उभरता है। धूप-छाँव वाली रोशनी है। एक पत्थर से बँधा अनंग अचेत पड़ा हुआ है। धृत्य की नजर उस पर पड़ती है। वह उसके पास जाता है। ध्यानपूर्वक देखता है फिर उसके हाथों और पाँवों के बन्धन को तोड़कर उसे मुक्त कर देता है और उसे अपने कन्धे पर उठाकर ऊँची पहाड़ी पर लाता है। होम को आवाज देता है। होम पानी लाकर अनंग के मुँह पर छींटे मारता है। धीरे-धीरे अनंग होश में आता है।]

अनंग : आप कौन हैं मुक्तिदाता?

धृत्य : तुम कौन हो?

अनंग : सब कहूँगा...। यहाँ से मुझे ले चलो। इस पहाड़ी से ले चलो।...वे मुझे मार डालेंगे...मार डालेंगे मुझे...।

धृत्य : कौन मार डालेगा? संन्यासी सैनिक?

[अनंग चुप रहता है।]

होम : पास में हमारी बस्ती है।

धृत्य : वह बस्ती जैसी लगती नहीं। वहाँ सुरक्षित रहोगे।

होम : तुम वहीं चलो।

अनंग : वहाँ विधाता तो नहीं आएँगे?

धृत्य : यह विधाता कौन हैं?

अनंग : वहाँ विधाता कभी आए हैं कि नहीं?

होम : विधाता!

धृत्य : घबड़ाओ मत। घबड़ाहट आदमी को मृत्यु के

नजदीक ले जाती है। कलेजा मजबूत रखो।

होम : हम तुम्हारे साथ हैं।

अनंग : तुम सोरन बस्ती जानते हो? मैं वहीं का रहनेवाला हूँ।

धृत्य : जो जड़ी के पास है?

अनंग : हाँ, वही।

धृत्य : वह बस्ती तो यहाँ से बहुत दूर है। तमसा के पार। तुम यहाँ इस हालत में...! कैसे, क्या हुआ?

[अनंग कोई उत्तर नहीं देता।]

[अनंग के मुँह पर फैले मकड़ी के जाल और घास-पतवार होम साफ करता है। चेहरा जब निखरता है तो होम उसे कुछ चकित भाव से देखने लगता है।]

होम : लगता है, कहीं देखा है तुम्हें...।

[अनंग कोई उत्तर नहीं देता।]

होम : हाँ-हाँ, तुम्हें देखा है।

अनंग : मुझे याद नहीं। यहाँ से मुझे ले चलो। विधाता आ रहे होंगे।

होम : तुम्हारी एक आँख टेढ़ी है। टेढ़ी है न?

अनंग : मैं नहीं जानता...।

होम : कुलांगार के यहाँ...। हाँ-हाँ, वहीं, वहीं तुम्हें देखा है। याद आ गया। तू वही है, वही है तू।

अनंग : *(घबड़ाहट भरे स्वर में)* नहीं-नहीं...मैं वह नहीं हूँ...मैं...नहीं ले गया था...। किसी को नहीं ले गया था...। लड़कियों को नहीं ले गया था। नहीं... नहीं...मैं किसी को नहीं जानता...। जल्दी करो विधाता आ रहे होंगे...।

होम : हाँ-हाँ, याद आ गया। तू कुलांगार का ही जन है।

अनंग : मुझे उठाओ। ले चलो। मैं किसी का जन नहीं, तुम्हारा जन हूँ। तुम्हारा अपना ही रक्त...।

[धृत्य अनंग को कन्धे पर उठाकर चलता है।]

होम : धृत्य इसे पटक दो। यह घाती है।

धृत्य : जो भी हो। पहले इसे बचाना है। पीछे बात करेंगे।

होम : पीछे कब बात करोगे, जब कान खा जाएगा, तब?

धृत्य : कान खा जाएगा, खा जाएगा।

होम : नरभक्षी है यह?

अनंग : नहीं-नहीं, मैं नरभक्षी नहीं हूँ। नहीं हूँ नरभक्षी।

[साखा आती है। इसके पीछे छत्र उठाए तामू आता है। होम और धृत्य साखा को देखकर घबड़ा जाते हैं। अनंग भयवश अपनी पलकें बन्द कर लेता है।]

साखा : तुम लोग कौन हो? इसे कहाँ लिये जा रहे हो?

[कोई उत्तर नहीं।]

साखा : *(थोड़ी कड़ी आवाज में)* तुम्हारा दुस्साहस कैसे हुआ इस लोमड़ को उठाने का।

[धृत्य लोमड़ को नीचे रख देता है।]

धृत्य : *(काँपते स्वर में)* वनदेवी हमें नहीं मालूम था कुछ...। मैं समझा जंगली जानवर ने इसकी यह गति की है। कुछ नहीं मालूम था...।

होम : दर्द से कराह रहा था। रहा नहीं गया। उठाकर यहाँ

ले आया। दोनों हाथ से कान पकड़ते हैं वनदेवी, हमें क्षमा कर दें।

तामू : *(कड़क स्वर में)* तू वनदेवी किसको कह रहा है बार-बार। जानता है तेरे सामने कौन खड़ा है?

[साखा तामू को चुप रहने का इशारा करती है।]

साखा : वनदेवी को तुम जानते हो?

होम : *(हकलाते हुए)* नहीं-नहीं, हम नहीं जानते।

धृत्य : कुछ नहीं जानते...।

होम : मुँह से अनासे निकल गया।

धृत्य : लोग के मुँह से सुना है, बस और कुछो नहीं।

साखा : क्या सुना?

धृत्य : यही कि वनदेवी हैं, चारों दिशाओं में विचरती हैं।

साखा : और क्या सुना?

होम : सभी का अच्छा चाहती हैं। का आदमी, का गाछ-बिरिछ।

धृत्य : देखकर लगा कि आप भी वनदेवी हैं।

साखा : हमारी तरह सुन्दर हैं वनदेवी?

[कोई उत्तर नहीं।]

[होम और धृत्य एक-दूसरे को देखते हैं। आँखों-आँखों में कुछ कहते हैं।]

होम : हमने देखा नहीं है...।

साखा : मैं देखने में कैसी लगती हूँ?

साखा : आप ऊ हैं...।

धृत्य : ऊ हैं...। मतलब यह भया कि जिसको देखो, तो देखत रह जाओ। सूरत से नज़र न हटे। सब कुछ

भुलाय जाय। न भूख लगे, न पियास। हेराय जाय गियान। ऐसी हैं आप।

तामू : *(आँख तरेरते हुए)* क्या बोला, बोल, क्या बोला रे छछूँदर।

[साखा इशारे से तामू को चुप कराती है।]

होम : कभी-कभी खोपड़ी गड़बड़ा जाती है। जंगली जीव न हैं हम। जंगल में रहते-रहते बानर-भालू जैसा हो गए हैं।

धृत्य : जान-बूझकर नहीं कुछ बोला। अनासे मुँह से निकल गया।

होम : आप देवता लोग हैं।

साखा : सच, वनदेवी को तुम लोग नहीं जानते?

होम : ना, ना...।

धृत्य : हम कैसे जानेंगे...।

[साखा मुस्कुराती है। होम, धृत्य भयभीत हो जाते हैं।]

साखा : लोमड़ के साथी हो तुम सब?

धृत्य : न-न।

होम : हमने तो इसे अभी देखा।

तामू : यहाँ किसलिए आया छछूँदर?

धृत्य : पूजा...।

होम : *(हकलाते हुए)* बाघमार...बाघमार पूजा

धृत्य : हम लोग जाएँ, जाएँ देवता?

[कोई उत्तर नहीं।]

साखा : लोमड़ को पटक क्यों दिया?

होम : न-न, हमसे का मतलब...।

धृत्य : भूल हो गई देवता... । न-न, अब न। अलाय-बलाय जहाँ है, वहीं पड़ा रहे, सो ही अच्छा।

साखा : कुलांगार को जानते हो?

[कोई उत्तर नहीं।]

साखा : संन्यासी पुरोहित को जानते हो?

[कोई उत्तर नहीं।]

साखा : वनदेवी को भी नहीं जानते न?

[धृत्य और होम साखा के पैर पड़ते हैं।]

धृत्य : हम क्या जाने देवता! रात-दिन जंगल-पहाड़ में मारे-मारे फिरते हैं। जानवर की माफिक क्षुद्र जीव हैं हम।

साखा : प्राण का इतना भय! विश्वास नहीं होता कि तुम हिहड़ी-पिपड़ी की सन्तान हो।

[साखा घूरते हुए आगे बढ़ जाती है। उसके पीछे-पीछे तामू चलता है। धृत्य और होम भयातुर आँखों से देखते हैं। धीरे-धीरे रोशनी विलुप्त हो जाती है।]

दृश्य : 7

[रोशनी होती है। पहाड़ी टीले पर कुलांगार अपने चार अनुचरों के साथ बैठा बात कर रहा है। अनुचर थोड़ी दूरी पर है। एक अनुचर अलग बैठा है। उस अनुचर को कुलांगार खड़ा होने का इशारा करता है। वह सहमे-सहमे खड़ा होता है। दोपहर का समय।]

कुलांगार : *(हाथ और आँखों से मुद्राएँ बनाते हुए)* बता, मैं क्या बोला? बता! सुना है कि तू बड़ा ज्ञानी है। दिखा न ज्ञान!

[कोई उत्तर नहीं। अनुचर सिर झुकाए खड़ा रहता है।]

कुलांगार : क्या हो गया रे! ज्ञान की चमड़ी? बोल, बोल! *(मुँह बनाकर)* गुलू, गुलू, गुलू...गुलगुलिया, झुलझुलिया, मुलू...मुलू...।

[कुलांगार मुलू-मुलू बोलते ठठाकर हँसने लगता है। वह हँसता है कि नेपथ्य से रुदन सुनाई पड़ता है। चौंककर कुलांगार इधर-उधर देखने लगता है। हँसी उसकी थम जाती है।]

कुलांगार : कौन है जो मुझे हँसने नहीं दे रहा है! कितना दुस्साहस है यह!

अनुचर : *(काँपते स्वर में)* विधाता...विधाता...।

कुलांगार : *(गुस्से में)* हिनहिनाएगा तू! जो बोलना है साफ बोल।

अनुचर : दुहाई विधाता! आपने ही पहाड़ी के पार शेष अनुचरों को दंड देने के लिए छोड़ रखा है। विशेष अनुचर को यह आदेश दे रखा है कि जब मैं हँसूँ तो अपने सामने वाले अनुचर को नंगा कर उसके पीछे साँप घुसा दो। वह साँप जब देह में घुसने के लिए रेंगता है कि अनुचर बिलखने लगता है। उसी का क्रन्दन है विधाता..।

कुलांगार : मैं तो भूल ही गया था...। अपनी भी खोपड़ी क्या है!

[अनुचर बैठने लगता है कि कुलांगार डाँटकर खड़ा रहने को कहता है। दूसरे अनुचर को इशारे से पास बुलाता है। अनुचर-2 उसके सामने सिर झुकाकर खड़ा हो जाता है।]

कुलांगार : *(अनुचर-2 से मुख़ातिब होते हुए)* पहाड़ी के पार *(अनुचर-1 की ओर इशारा करते हुए)* इसे ले जा शेष अनुचरों में छोड़ आ।

[अनुचर-2 अनुचर-1 को लेकर नेपथ्य में जाता है। अनुचर एक गिड़गिड़ाता है। कुलांगार हँसता है। नेपथ्य से रुदन सुनाई पड़ता है। कुलांगार की हँसी थम जाती है। इधर-उधर वह देखने लगता है।]

कुलांगार : मुझे अच्छा लगता है हँसी के बीच रुदन सुनना। मुझमें गुदगुदी होने लगती है। मैं उस देह के बारे में सोचने लगता हूँ जिसमें साँप रेंगता हुआ मुँह के द्वार से बाहर आता है। और उस साँप के बारे में

कि वह कितना दिग्विजयी महसूस करता होगा। अच्छा बोल कि उस दिग्विजयी का हम कैसा सम्मान करते हैं?

[कोई उत्तर नहीं।]

कुलांगार : कोई लोमड़ नहीं बोलेगा! कोई लोमड़ नहीं!

[एक अनुचर डरते-डरते खड़ा होता है।]

कुलांगार : हाँ-हाँ, तू बता! तू तो पुराना लोमड़ है। इतना दंड पाने के बाद भी तू जीवित है। जीवित है न!

[अनुचर कोई उत्तर नहीं देता।]

कुलांगार : हाँ, बोल।

अनुचर-3 : विधाता, उस साँप को आप कभी नेवले से लड़ाकर मरवा देते हैं। कभी अपने पालतू जानवर को ललकारकर उसके मारे जाने पर आप नाचते हैं।

कुलांगार : तुमने देखा है न!

[अनुचर मुस्कुराते हुए स्वीकारात्मक सिर हिलाता है।]

कुलांगार : तू बड़ा भाग्यशाली है रे लोमड़! सोचता हूँ कि एक दिन तुझे नंगा कर तेरे पीछे साँप छोड़कर देखूँगा कि देह के भीतर साँप के रेंगने का अनुभव तू बता पाता है कि नहीं। तुझसे ही आस है। तू मेरा पुराना लोमड़ है। है न!

[अनुचर काँपने लगता है। कुलांगार खी-खी कर हँसता है। नेपथ्य से रुदन सुनाई पड़ता है। कुलांगार की हँसी थम जाती। साखा का प्रवेश होता है। उसके पीछे तामू आता है। अनुचर

सभी खड़े हो जाते हैं। साखा बैठने का संकेत करती है। सभी बैठ जाते हैं।]

कुलांगार : आओ-आओ साखा! कहाँ-कहाँ से विचरण करती आ रही हो? आसन ग्रहण करो।

साखा : *(बैठते हुए)* यह जानकार क्या करोगे कुलांगार श्रेष्ठ। मैं बता भी दूँगी तो तुम्हारे प्रयोजन का कुछ निकलेगा नहीं।

कुलांगार : तुम्हें कैसे मालूम है कि मेरे प्रयोजन का कुछ निकलेगा नहीं! कुलांगार श्रेष्ठ के लिए कुछ भी निष्प्रयोजन नहीं। बता के भी तो देखो।

[तामू पर कुलांगार की हठात् निगाह जाती है। कुलांगार मुस्कुराता है। तामू मुस्कुराते हुए अभिवादन करता है।]

कुलांगार : *(अनुचरों से मुख़ातिब होकर)* तू सब उठ, जा यहाँ से। अपने पूर्ववत् काम पर लग जा। हाँ, तामू लोमड़ को लेते जा। इसे पहाड़ी के पार शेष अनुचरों के बीच छोड़ देना।

[तामू भौचक देखता है। अनुचर उसे लेकर नेपथ्य में चले जाते हैं।]

साखा : तामू को कहाँ भेज दिया?

कुलांगार : थका-हारा आया है। पहाड़ी के पार फलों का ढेर लगा है। शेष अनुचर विशेष अनुचर के साथ क्षुधा शान्त कर रहे हैं। सोचा कि तुम्हारे लोमड़ को उससे वंचित क्यों रखा जाए!

साखा : हाँ, वह कई अनुचरों से श्रेष्ठ है। शिष्ट है। वह मुझे अच्छा लगता है।

कुलांगार : *(कुटिलता से)* हाँ, मुझे लगा।

साखा : कभी-कभी तुम्हारी सदाशयता मुझे चकित कर देती है। तुम कुलांगार, संन्यासी पुरोहितों से भिन्न दिखते हो।

कुलांगार : हम कुलांगार तो भिन्न हैं ही। संन्यासी पुरोहितों का नाम हमारे नाम के साथ कृपया मत लिया करो। संन्यासी पुरोहित घृणा से भरा शब्द है। इससे अधिक कुछ भी नहीं।

साखा : एक दिन तुम भी संन्यासी पुरोहित थे।

कुलांगार : इसका अर्थ यह तो नहीं कि आदमी हमेशा अज्ञानी ही बना रहे।

साखा : यदि कुलांगार नहीं घोषित किए गए होते तो क्या तब भी तुम्हारी यही धारणा होती?

कुलांगार : तब की मति क्या होती, कौन जाने! तुमसे मैं पूछता हूँ कि यदि तुम गन्धर्व कन्या नहीं होती तो मुझसे बात करने का साहस तुम्हें होता?

साखा : क्यों?

कुलांगार : यह क्यों इसलिए भी कह पा रही हो कि मैं तुम्हें छू भी नहीं सकता। यह तुम जानती हो कि वनदेवियों और गन्धर्व कन्याओं पर हाथ उठाने वाला अन्धा हो जाता है। इसी का लाभ तुम्हें मिलता है और तुम मुझसे तिलमिलाने वाले प्रश्न पूछती हो। मुझे नीचा दिखाने का अवसर खोजती रहती हो।

साखा : मेरी बातों से तुम्हें ठेस पहुँचती है। इसका मुझे दुःख है।

कुलांगार : हमेशा यही बोलती हो।

साखा : सच तो यह है कि यह मेरा स्वभाव नहीं है। मैं तो तुम लोगों की भाषा में बात करने की कोशिश करती हूँ।

[कुलांगार विद्रूप हँसी हँसता है। नेपथ्य से रुदन की आवाज़ आती है। साखा चौंककर इधर-उधर देखती है।]

साखा : यह रुदन कहाँ से आ रही है?

कुलांगार : यह तामू लोमड़ का रुदन है। आपस में फलों के लिए जब छीना-झपटी करते हैं तो ऐसा ही होता है। इसमें आश्चर्य क्या!

साखा : हाँ, तुम ठीक कहते हो। तुम्हारी भाषा कभी-कभी मेरी समझ के परे हो जाती है। जो कहते हो, उसका अर्थ वह नहीं होता; जो नहीं कहते हो, वह होता है। और अपने चतुर्दिक् कुटिलता का एक परिवेश निर्मित करते हो, मजा लेते हो। भय लगता है।

कुलांगार : ऐसे परिवेश में बार-बार किस प्रयोजन से आती हो?

साखा : तुमसे कहा न कि उस प्रयोजन को तुम समझ न सकोगे और न ही संन्यासी पुरोहित।

कुलांगार : फिर तुमने संन्यासी पुरोहितों के साथ मेरा नाम लिया...।

साखा : नाम नहीं लेने से क्या सत्य बदल जाएगा?

कुलांगार : संन्यासी पुरोहितों के पास जाकर यह क्यों नहीं कहती हो?

साखा : कोई भयवश नहीं जाती, ऐसा नहीं है। मैंने वृद्ध संन्यासी पुरोहित को वचन दिया है कि संन्यासी पुरोहितों के बीच एक निश्चित अवधि तक नहीं आऊँगी। सम्भवतः तुम्हें ज्ञात नहीं कि मैं वृद्ध संन्यासी पुरोहित का बहुत सम्मान करती हूँ।

कुलांगार : *(व्यंग्य में मुस्कुराते हुए)* वृद्ध संन्यासी पुरोहित!

साखा : मुझे अब वनदेवियों के पास निकलना है। तामू को बुलवा दें कुलांगार श्रेष्ठ।

कुलांगार : दूसरा लोमड़ चुन ले।

साखा : उसे क्यों नहीं?

कुलांगार : उसे मैं नहीं बुला सकता ।

साखा : क्यों? मुझे प्रिय है इसलिए?

कुलांगार : नहीं, ऐसा नहीं है।

साखा : फिर क्यों नहीं बुलवाते?

कुलांगार : रुदन नहीं सुना? वह उसका अन्तिम रुदन था।

साखा : यह तुमने क्या किया उपक्रोष्टा, उद्वृत्त!

[कुलांगार खी-खी करके हँसता है। साखा आँखें बन्द कर शोक में डूब जाती है। अँधेरा छा जाता है]

दृश्य : 8

[मंच पर हल्की रोशनी। रात का समय। नेपथ्य से सियार, उल्लू एवं अन्य जानवरों की आवाज रह-रहकर आती है। कभी-कभी लोगों के दौड़ने की आवाज़ भी आती है। मंच के पीछे वाले भाग की बाईं ओर गोलकार में कुछ स्त्री-पुरुष एक लय के साथ घूमते नज़र आते हैं। यह उनकी छाया से आभास होता है। मंच की दाएँ भाग में होम और सुआ गुमसुम बैठे हुए हैं। धृत्य बेचैनी में घूम रहा है।]

धृत्य : संन्यासी सैनिकों के इस हाँका से पेट का पानी हिल जा रहा है।

होम : कभी-कभी ऐसा ही उधियाते हैं। लगता है कि प्रलय कर देंगे।

धृत्य : क्या प्रलय दूसरा होता है!

सुआ : *(रुआँसे स्वर में)* माँ में परान अटका हुआ है। बस, माँ आ जाए...।

धृत्य : बाघ मारने की सनक सवार थी।

होम : समझाया था कि गाछ का बाघ बना ले।

धृत्य : उसे तो असली बाघ चाहिए था। साँसत में डालना चाहती थी, सो डाल दिया। अब मारी जाए तो मारी जाए।

सुआ : माँ की नानी ने असली बाघ नहीं मारा था क्या?

धृत्य : हुँह, माँ की नानी...।

होम : मैं समझौं कि हँसी कर रही है।

सुआ : चुटकी भर रात और बची है...। उलु दूँ?

धृत्य : *(गुस्से से)* नहीं। देवता की पूजा हो रही है।

सुआ : माँ...। हो सकता है, माँ को बाघ न मिला हो। क्या बिना बाघ मारे घर नहीं आ सकती है?

धृत्य : *(बिगड़कर)* चुप कर।

होम : काहे को बिगड़ता है।

धृत्य : बाघ मिले न मिले संन्यासी सैनिक जरूर मिल जाएँगे। शायद मिल भी गए हों। देखना, कल जंगल में मरी पड़ी मिलेगी।

[सुआ सिसकने लगती है। होम उसे चुप कराता है।]

होम : विश्वास है हमे, मात्या लौटेगी। वह कच्ची गोइयाँ नहीं है।

सुआ : कैसे संन्यासी सैनिक मार देंगे, वनदेवी हैं न!

धृत्य : *(चिढ़ाते हुए)* वनदेवी हैं!

सुआ : वह आई थीं। उन्होंने माँ से देर तक बात की। कहा कि मैं तुम्हें बाघ दिखा दूँगी, तुम उसे मार देना।

धृत्य : वनदेवी को कैसे पता? तुमने बताया था क्या?

धृत्य : और क्या कहा?

सुआ : कहा था कि यदि तुमने ऐसा कर दिया तो अपनी माँ की असल बेटी कहाओगी।

धृत्य : और?

सुआ : कुछ माँ के कान में कहा था। मैं सुन न सकी।

धृत्य : तो यह बात है...।

धृत्य : वनदेवियाँ ऐसा घात करेंगी, हमने सपने में भी नहीं सोचा था। असल रूप आज सामने आया। मात्या कहती थी कि वे संन्यासी पुरोहितों से मिली हुई हैं,

तब मैं उसे डाँटकर चुप करा देता था। वह खुद उनके झाँसे में आ गई...।

सुआ : वनदेवियाँ वैसी नहीं हैं।

धृत्य : *(बिगड़कर)* चुप।

होम : बिगड़ता क्यों है? चल, चलकर जंगल में खोजते हैं। ढाढ़स रख।

धृत्य : *(डबडबाई आँखों से)* हेराय गई मात्या...हेराय गई...। एक-एक करके सब हेराय गए।

सुआ : *(धृत्य के आँसू पोंछते हुए)* न, बाबू न, माँ हेराएगी नहीं।

होम : सुआ ठीक कह रही है। तू अपने मन में न जाने क्या-क्या सोचता रहता है! हमारा मन बोलता है कि उसने बाघ को मार दिया होगा। संन्यासी सैनिकों के जाने की प्रतीक्षा कर रही होगी।

सुआ : ठीक बात! हमें भी यही लगता है। माँ के साथ वनदेवी जो हैं। माँ को कुछ नहीं होगा।

धृत्य : वनदेवियों ने अच्छा नहीं किया। उन्हें मात्या को बरजना चाहिए था, न कि उकसाना। ऊँच-नीच कुछ हो गया तो...!

होम : का होगा। कुछो नहीं होगा।

धृत्य : वनदेवियों ने ऐसा काहे किया? क्या बिगाड़ा था उनका?

होम : भूल गया तू, कितनी बार असमय में आकर खड़ी हो गई अपना बनकर। वह आज घात करने क्यों जाएगी? वह भी मात्या के साथ। न-न, ऐसा नहीं है। मैं तो कहत हौं कि चल वनदेवियों के यहाँ चलते हैं। चलकर उन्हीं से पूछते हैं। हो सकता है कि उन्हीं के पास हो। चल।

धृत्य : न-न, हम कहीं नहीं जाएँगे।

होम : क्या बोलता है कि नहीं जाएँगे? काहे नहीं जाएगा? नहीं जाएगा तो कैसे मालूम होगा कि मात्या कहाँ है?

सुआ : हाँ, बाबू...।

धृत्य : *(कुछ देर सोचने के बाद)* चल ।

[कृत्य, होम, सुआ, वनदेवी के पास जाने के लिए प्रस्थान करते हैं। धीरे-धीरे अन्धकार हो जाता है।]

दृश्य : 9

[नेपथ्य से बिजली कड़कने की आवाज़ आती है। आश्रम का दृश्य उभरता है। आश्रम के भीतरी भाग में लगभग सात की संख्या में संन्यासी पुरोहित वृत्ताकार में बैठे हुए हैं। उनके हाथों में लकड़ी के टुकड़े हैं जिन्हें वे गोल-गोल घुमाते अग्नि का आह्वान कर रहे हैं। यह उनकी छाया से पता चलता है। प्रकाशित हिस्से में दो संन्यासी प्रहरी घूम रहे हैं। धीरे-धीरे मंत्रोच्चार तेज होता है।]

अग्नि पितरः
अग्नि माताः
अग्नि ईश्वरः
अग्नि नमो नमः
जागो माँ
कि शान्त हो क्षुधा
जागो माँ
कि जगे साहस
जागो माँ कि बड़ी हो नयनों की ज्योति
अग्नि नमो नमः, अग्नि नमो नमः
जागो माँ कि
दिशाओं की आभा में दिखें पुरखे
और वह साधु पथ भी—
जिनको उन्होंने अपनी प्रार्थनाएँ सुनाईं
जिनके सम्मुख उतारा आयु का वस्त्र

दिया जो कुछ था चेतन का शेष पावना
जागो माँ कि
विविध काल खंडों में झाँककर देख सकूँ
अपनी विविध छवियाँ
और उनके आनन्द में नाच सकूँ ठुमुक, ठुमुक...
जागो माँ कि
बड़ी हो नयनों की ज्योति...

[मंत्रोच्चार सुनाई पड़ना बन्द होता है। संन्यासी प्रहरियों की वार्ता शुरू होती है।]

संन्यासी प्रहरी : नयनों की ज्योति...आज तक यह ज्ञात न हो सका कि नयनों की ज्योति आती कहाँ से है?

संन्यासी प्रहरी-2 : परमज्योति से आती होगी।

संन्यासी प्रहरी : और परमज्योति कहाँ से आती होगी?

संन्यासी प्रहरी-2 : अज्ञात धाम होगा कोई, जिसका पथ पहुँचे हुए साधकों को पता होगा। वे ही पृथ्वी पर पहली बार नयनों में ज्योति लेकर उदित हुए होंगे और उनकी जिन पर कृपा हुई होगी उन्हें वह ज्योति मिली होगी।

संन्यासी प्रहरी : हम सौभाग्यशाली हैं कि उनकी कृपा हम पर बनी हुई है और हम देख रहे हैं पृथ्वी पर जो कुछ है चराचर, क्षर और अक्षर, नित्य और नश्वर।

संन्यासी प्रहरी-2 : संन्यासी पुरोहितों पर विशेष कृपा है कि वे समय के पार देखने वाले परम पुरुष हैं। द्रष्टा, ज्ञानी, ब्रह्मवेत्ता हैं। हमारा सौभाग्य है कि हम उनकी सेवा में रत हैं।

संन्यासी प्रहरी-1 : हम सेवा में रत होने वाले कौन होते हैं? यह तो उनकी कृपा है कि सेवा भाव भीतर पैदा हुआ। दूसरे को यह अवसर क्यों नहीं मिलता?

संन्यासी प्रहरी-2 : वृद्ध संन्यासी पुरोहित इसे ही ईश्वरी जोग कहते हैं।

संन्यासी प्रहरी-1 : सम्भवतः यह पहला अवसर है कि वृद्ध संन्यासी पुरोहित की अनुपस्थिति में अभिषेक उत्सव सम्पन्न होगा।

संन्यासी प्रहरी-2 : एकान्तवास करने का उन्होंने निर्णय ले लिया, क्या संन्यासी महापुरोहित की इसमें सहमति थी?

संन्यासी प्रहरी-1 : सम्भवतः नहीं। ऋत्विक अत्येयन बताते हैं कि वृक्षों में मंजर आने के समय वो उदित होंगे। इस बीच किसी से न मिलेंगे। यह कहकर उन्होंने भीतर से द्वार बन्द कर लिया। संन्यासी महापुरोहित को कुछ कहने-सुनने का अवसर कहाँ दिया!

संन्यासी प्रहरी-2 : ईश्वर की लीला है सब।

संन्यासी प्रहरी-1 : माँ अग्नि की उपासना का आज सातवाँ दिन है। एक क्षण के लिए भी कोई उपासक अपनी मुद्रा नहीं बदला।

संन्यासी प्रहरी-2 : कठिन साधना है।

संन्यासी प्रहरी-1 : साधकों में जो श्रेष्ठ हैं, जिन्होंने अपनी इन्द्रियों को वश में कर रखा है, उन्हें ही इस उपासना में बैठने का स्थान मिला है।

संन्यासी प्रहरी-2 : मुझसे तो न होगा। कहीं खुजलाने का मन करेगा तो...?

संन्यासी प्रहरी-1 : तभी तो हम संन्यासी प्रहरी हैं और वे

संन्यासी पुरोहित।

संन्यासी प्रहरी-2 : अब और कितना समय लगेगा?

संन्यासी प्रहरी-1 : माँ, अग्नि को अवतरित होने में अब और विलम्ब नहीं। जब ही उदित हो जाएँ तब ही...।

संन्यासी प्रहरी-2 : पूरा आश्रम खिल उठेगा।

संन्यासी प्रहरी-1 : संन्यासी महापुरोहित की मुखाकृति देखने लायक होगी।

संन्यासी प्रहरी-2 : ऐसी प्रसन्नता दुर्लभ है।

संन्यासी प्रहरी-1 : वे कितने सौभाग्यशाली हैं जो माँ अग्नि का अभिषेक देखते हैं।

संन्यासी प्रहरी-2 : जो देखते हैं वे संन्यासी पुरोहित हैं।

संन्यासी प्रहरी-1 : और हम संन्यासी प्रहरी।

संन्यासी प्रहरी-2 : संयोग मिला तो इस बार छुपकर देखेंगे यह उत्सव।

संन्यासी प्रहरी-1 : नहीं, यह धृष्टता कदापि मत करना। अग्नि माँ हैं। माँ वस्त्र बदलेंगी, सामने रहना उचित नहीं होगा।

संन्यासी प्रहरी-2 : माँ अग्नि के पुराने वस्त्र क्या होते हैं?

संन्यासी प्रहरी-1 : नए वस्त्रों को मालूम होगा।

संन्यासी प्रहरी-2 : हमें लगता है कि पंछी का रूप धारण कर आकाश में उड़ जाते होंगे।

[आश्रम के भीतर से शंख और घंटा बजने की ध्वनि आती है।]

संन्यासी प्रहरी-2 : लगता है माँ अग्नि अवतरित हो गईं...।

संन्यासी प्रहरी-1 : हाँ-हाँ, अवतरित हो गईं। अब वार्तालाप नहीं... दृष्टि इधर-उधर नहीं।

[प्रकाश आश्रम के भीतर फैलता है। मंडलाकार बैठे संन्यासी पुरोहितों के हाथों में अग्नि नाच रही है। सभी प्रसन्न मुद्रा में खड़े होते हैं और परिक्रमा करते हैं कि तभी हवा के झोंके की तरह मात्या आती है और संन्यासी पुरोहित अरण्य को तीर से बेधकर उनके हाथों से अग्नि छीन नेपथ्य में चली जाती है। अफरा-तफरी मच जाती है। संन्यासी पुरोहित उसका पीछा करते हैं। नेपथ्य में आवाज़ गूँजती है पकड़ो, पकड़ो... ।]

मात्या जंगल और गाँवों से आलोक बाँटती गुजर रही है। संन्यासी पुरोहित, संन्यासी सैनिक उसका पीछा कर रहे हैं। कुछ संन्यासी पुरोहित बीच राह में रुककर बस्तियों में जल रहे आलोक को बुझाते हैं। एक बुझाते हैं तो दूसरा नज़र आता है, दूसरा बुझाते हैं तो तीसरा। संन्यासी सैनिक, संन्यासी पुरोहित एक-दूसरे को पराजित भाव से देखते हैं। वे जिधर नज़र दौड़ाते हैं, उधर प्रकाश ही प्रकाश नज़र आता है। लगता है प्रकाश अँधेरे में सिर उठाए संन्यासी पुरोहितों को चिढ़ा रहा हो।

दूर से लड़कियों के गाने की ध्वनि आती है—

चिरई-चउआ को पानी दे
ताल-तलैया को पानी दे

बच्चा-बुतरू को पानी दे
नई-पुरानी नैया को नदिया भर पानी दे
मेघा सगरो पानी दे...।

[धीरे-धीरे रोशनी विलुप्त हो जाती है।]

□□□